あの日の決断

岩手の経営者たち

3

岩手日報社

多田克彦さん／多田自然農場

「遠野という土地はストーリーがあり、風土が好きだ。食の魅力を磨き、ブランド力を高めなければならない」と語る多田克彦さん＝遠野市青笹町

水野節郎さん／イーアールアイ

「『ブルータス』のような自前での商品開発は会社、仕事への愛着とやりがいにつながる。どんどん作っていきたい」と語る水野節郎さん＝盛岡市上堂

大村喜代子さん／サンメディカル

「福祉用具を知らないと、楽に介護できるチャンスを逃す。広く知ってもらうため広報に力を入れた」と語る大村喜代子さん＝矢巾町 流通センター南

佐藤誠司 さん／佐藤税理士法人

佐藤誠司さんが士業連携の拠点として建設した「士業の森」ビル。「この建物はわれわれの取り組みを社会に認知してもらうランドマーク」と語る＝盛岡市本宮

船橋慶延 さん／企業組合八幡平地熱活用プロジェクト

馬厩肥（ばきゅうひ）の培地から作ったマッシュルームを手に笑顔を見せる船橋慶延さん。「馬がいる価値を可視化したい」と語る＝八幡平市松尾寄木

浜川幸雄さん／浜幸水産

自社マグロ船の操業海域を示す世界地図の前で笑顔を見せる浜川幸雄さん。積極投資で国内屈指のマグロ船団を築き上げた＝釜石市浜町

間瀬慶蔵さん／尾半ホールディングス

山田町中心部に飲食店「ビハンバル」を新設した間瀬慶蔵さんは「ジムともども地域に何が必要かを考えてオープンした」と語る＝山田町中央町

高階岑子さん／白龍（盛岡じゃじゃ麺）

客や従業員、多くの支援者に感謝し「これまで心配なくやってこれた」と話す高階岑子さん＝盛岡市内丸

佐藤元さん／吾妻嶺酒造店

吾妻嶺酒造店の主力商品「あづまみね　純米吟醸美山錦」を手に、笑顔を見せる佐藤元さん。県外中心の特約店販売で業績回復にまい進してきた＝紫波町土舘

千葉暢威さん／マルイ造形家具工業

アウトドアブランド「A＆D／W」第１弾として発売し、人気を呼んでいる「七輪囲炉裏」。千葉暢威さんが亡き父の有形無形の遺産を注いだ商品だ＝九戸村山屋

目次

CONTENTS

本書は岩手日報の連載企画「あの日の決断　岩手の経営者たち」に加筆修正し、書籍としてまとめたものです。本文中の肩書き、年齢等は原則、掲載当時のままとしています。

農業は頭脳労働、研究開発型産業であるべき

多田克彦さん／多田自然農場（遠野市）

遠野市青笹町の多田自然農場は「多田克彦」ブランドでプリンやヨーグルト、チーズなど乳製品を主体に国内外で高い評価を受ける食品メーカー。自分の名前を前面に出した販売スタイルは「個として生きる」という社長の多田克彦さん（64）の人生哲学そのものだ。一農業者としてスタートし、その後に加工事業に参入。手作りの追求と安全・安心、果敢な営業、徹底した人材育成を力に成長を続けてきた。「民話の里」の風土にほれ、古里での事業にこだわりつつ、他とのあつれきを恐れない生き方は、ときに「反骨」と形容される。多田さんの経営者としての軌跡を追う。

【2020年1月14〜18日掲載】

牛乳事業から撤退

多田自然農場の「まろやかプリン」（1個220円）は軟らかな食感とレアチーズケーキのような味わいが特長の人気商品。2008年11月に自社で初めて作ったこのプリンが、他との差別化にこだわる乳製品や菓子づくりの原点になった。

一関市内の菓子店からプリンを買い取って販売していたが、店主の病気で困難になった。牛乳、ヨーグルトを含めて当時は自前で作る加工品はなかった。

販売先がある以上、製造中止は避けなければならなかった。社長の多田克彦さんにノウハウはなかったが「いつかは作る」という秘めた覚悟を現実にした。

元は実家の牛舎だった会社1階に、小さな加工場を整備した。調理師の資格があり、遠野市内の別会社で働いていた坪井里香さん（39）を雇い、一関の菓子店に修業に出した。

多田さんが坪井さんを手伝い、2人でプリンづくりは始まった。味の種類を増やしながら、ジェラートやロールケーキなど菓子類の製造に手を広げていった。

一方、2011年の東日本大震災を機に牛乳事業からは撤退した。牛乳は「多田克彦」の名前で初めて商品を世に出し、20年近く経営を支えた商材だった。

製造を委託していた工場の被災が直接の理由だったが、多田さんは冷静に計算していた。「牛乳10本とヨーグルト1個の利益は同じ。薄利多売でもうからない」。撤退の判断は結果、その後の経営の方向性と一致した。

多田自然農場の売上高は震災の年、ボランティアらの購入で急増。しかし2年目は一転、2割ほ

プリンの製造に励む坪井里香さん（左）ら従業員。社長の多田克彦さんは手作業の少量多品種生産で環境変化に強い経営を目指している＝遠野市・多田自然農場

ど落ちた。外的要因の大きい小売業の難しさを実感した。

「規模を追えば他との消耗戦が避けられない。商品の深さを求め、付加価値を重視して利益を取る道にかじを切った」。戦略を決定づけたのは、2016年からの海外展開だった。

ヨーグルトやプリンに加え、洋菓子が予想以上に好評でラインアップを広げた。外部研修や資格取得を通じて引き上げた従業員の技術力が土台にあった。

多田自然農場の売上高は年間約2億円。最盛期の約10分の1にすぎないが、海外営業の渡航費に1年で500万円をかけるなど成長への投資は惜しまない。

「利益率が上がっているからできる。輸送などを考えれば山の中の会社ほど、少人数ですごい商品を作らないと利益は出ない。もうかる仕組みをつくるのが社長の仕事だ」。多田さんが確信を込めた。

付加価値を追求する代表的な商品にチーズがある。

オンリーワンのプライド

多田自然農場は東日本大震災後に建てた遠野市青笹町の専用工房で、5種類ほどのチーズを製造している。中でも「遠野アルプスチーズ」は、ラクレットタイプと呼ばれる10カ月から1年の長期熟成チーズ。一番の販路は、2017年に提供が始まったJR東日本の豪華寝台列車「トランスイート四季島《しきしま》」だ。

多田克彦さんがチーズづくりを目指したのは10年以上前。「日本の工房のチーズは使う乳酸菌も種類も同じ『金太郎アメ』。国内にないような深みのある、長期熟成チーズを狙った」。本物を学ぶからには、海外での技術習得が必然だった。

意外なところから作り手を招いた。2009年1月、地域貢献のイベントで親交のあった日本IBMの荘司こずえさん(61)を〝事実上〟のヘッドハンティング。堪能な語学力に目を付けていた。ドイツ語を学ばせてスイスに研修に出した。2012年にはそれまで酪農担当だった次男の慎太郎さん（35）も送り込んだ。

当初は乳酸菌のコントロールがうまくいかないなど苦労の連続だった。それでも「菌が落ち着いてくると、1年ごとに味の進化と深化が始まった」。

遠野市の道の駅「遠野風の丘」では、1個100グラムのアルプスチーズが1080円で売られている。「うちのチーズは高いが、作ればほぼ完売するレベルにきた。次はブルーチーズに手を出す」。多田さんは立ち止まらず、貪欲に次をにらむ。

風の丘に多田自然農場の専用売り場がある。冷蔵ケースはプリン約10種類のほかヨーグルト、チーズ、ソーセージなどがずらり。冷凍ケースにはシュトー

冷蔵コーナーにびっしりと並ぶ多田克彦ブランドの乳製品＝遠野市・道の駅遠野風の丘

レンやビーンズベッカなど本物志向の洋菓子が並ぶ。国内の取引先は関東、関西の有名スーパー、百貨店を中心に全国約60に達する。

野菜生産と酪農を始めた約30年前から、無農薬栽培や発酵飼料の使用にこだわってきた。おいしい野菜を作り、健康な牛を育てる思いは、図らずも「安全・安心」、循環型の農業につながった。

現在も10棟ほどのハウスでホウレンソウやトマトを栽培し、プリンや菓子類など自社の加工場の商品は全て手作り。原料の牛乳は、多田さん所有の牛舎で搾られたものだけを使う。

「うちのように農業生産から（加工品の）製造、販売まで一貫してやるところはない。競争相手はいない」。オンリーワン企業としてのプライドがにじむ。

そもそも自分の名を冠した販売は同業者との対立がきっかけだった。起業から間もない平成初頭。生乳の出荷抑制を拒み、農協の酪農部会を除名された。

「多額の借金をしているから1カ月で60万円も牛乳を捨てる生産調整は、自分には死ねと言われているのと同じだった」

農協系統外のアウトサイダー業者が利用する県南の牛乳工場に出荷を始めた。他より持ち込み量が多く、多田さんは自分の牛乳として売ることを望んだ。

東京で活動する知人のデザイナーに牛乳パックの図案を相談すると、思いがけない提案を受けた。個人名を前面に出した販売だった。「恥ずかしかった」（多田さん）が、結局はそのままお願いした。

障害者を入れて10人弱の生産体制ながら〝多田克彦〟は今、全国に通じる乳製品ブランドに育った。多田さんは「いつ、どこで誰と出会うかは、人生にとってすごく大事」と繰り返す。

起業する前は遠野市役所に2度入り、2度辞めた。

農業で生きる道

多田克彦さんは高校卒業後、遠野市役所への就職が決まっていた。親は喜んだが、本人は裏腹だった。

「遠野のような山奥には夢も希望もないと思っていた」。社会人としての初日、市長に退職を申し出た。「実力を付けて戻ってきたい」と話したものの、本音ではなかった。家の預金を無断で20万円下ろし、その日のうちに家出した。

兄弟のように育った叔父が、東京で浪人生活をしていた。アパートを突然尋ねて居候を始めた。一緒に受験勉強して翌年、明治大に合格した。

政治を専攻した。学生運動のさなかだった。国や社会のありようを巡って激論する学生に刺激を受けた。「井の中の蛙を痛感して、死にものぐるいで勉強した。原稿用紙で200、300枚（のリポートを）まとめるのは平気だった」。知らず知らず論理的に思考する癖がすり込まれた。

農家の長男。都内の大手化粧品会社に就職が決まっていたが、地元から呼び戻された。遠野市役所へ異例の〝再就職〟。主に社会教育や農政を担当した。

ある時期、職員の身分でありながら市長選の対抗馬に肩入れした。選挙後、不本意な部署へ異動に。「基本的に生意気だった。左遷された」

将来を考え、潮時を感じた。1988（昭和63）年の春、33歳で丸10年勤めた役所を改めて辞めた。

（第3種郵便物認可）

新時代の 農林水 挑戦する青年たち <17>

遠野市青笹町中沢14ノ31

農業 多田 克彦さん（36）

ただ・かつひこ 明治大学卒。昭和63年から農業を始める。有限会社の「六角牛農場」の一つである多田自然農場グループ代表。乳牛（肉牛）102頭、有機無農薬栽培グループをつくってハウス30棟、露地野菜2ha。生産から配送、販売まで責任を持つ。

有機栽培にこだわる

「これからの農業は市場の動きをよく見て対応することが大事」と語る多田克彦さん

一言アドバイス

自然を感じさせる青果物に

1991年5月9日付の本紙。気鋭の生産者として紹介された多田克彦さんは「農業は食材を開発する創造産業」と語っている大好きな農業で生きる道を選んだ。元々、役所勤めと並行して平日の朝夕と土日は稲作や酪農に没頭していた。ボーナスが出れば、牛を1頭ずつ買い増した。

退職金や株投資で増やした貯金を事業につぎ込んだ。ハウス約10棟を建て、ホウレンソウの栽培から始めた。2年目に法人化し、数千万円を借金して牛舎2棟を整備。乳牛200頭を飼い、1日に生乳4トンを出荷するようになった。

野菜は有機栽培にこだわった。規模の大きな雇用型の農業を志向し、牛舎作業の従業員を6人雇った。

出だしは良かった。「酪農は保護産業で、牛乳は搾れば搾るほどもうかった」。搾乳した後の牛は肉として売れた。

1991年の牛肉の輸入自由化が前途を暗くした。「乳牛の肉質が米国産と競合した。牛乳でもうけても肉で損をすることになった」。牛の値段が8分の1まで下がり、赤字が3年続いた。

自由化は怖かった。ただ逃げはしなかった。「どうしたら高く売れるかを考えた。自分の牛を処理して食べることから始めた」

多田さんはどんぶり勘定を戒め、「農業経済」に基づく数字で管理する事業を徹底する。利益の根源はどこにあるか、問題点は何か。逆境に挑んだ経験と持ち前の勉強熱心さが健全経営を支えている。

「多田克彦」ブランドの乳製品は東京で人気に火が付いた。

東京で牛乳試飲会

多田克彦さんには四半世紀以上前の忘れられない日がある。1992年11月23日。念願の「東京デビュー」を果たした。

生乳の生産調整問題で地元の同業者と対立し、農協の酪農部会を除名。独自に県南の工場で牛乳を製造し、個人の商品名で市内のスーパーで売り始めた。

しかし問題があった。一つはマーケットの狭さ。牛乳生産量が1日4千本に対しスーパーでは100本売れるかどうかだった。「あとの3900本をどうするかが大きな課題だった」

ルールに従わず勝手に牛乳を作って売ることへの反発も当然にあった。「不買運動が起こり、これでは遠野では売れなくなると思った」。地元以外に販路を求めるしかなかった。

一人の男性との出会いが光になった。京王百貨店（東京都渋谷区）の元社長川村六郎さん＝故人。都

「遠野風の丘」の多田自然農場の店舗。産直内の物販と合わせ年間約6千万円を売り上げるという。右は多田克彦さんの妻正子さん＝遠野市綾織町

内であった有機農業の勉強会に講師として招かれ、交流会で声を掛けられた。川村さんは盛岡市出身で当時、京王ストア（東京都多摩市）社長。同郷の元気な酪農家に興味を持ったようだった。

「売り先がなかなかないと話すと『1日千本買うから持ってこい』と言ってくれた。チャンスを狙っている人間に運は向くと感じた」。1992年のあの日、多田克彦ブランドの牛乳が京王ストアの棚に初めて並んだ。

販路開拓の基本は〝足〟だった。京王ストアと取引する一方、多田さんは毎月のように首都圏の他のスーパーやデパートで牛乳の試飲会を繰り返した。販売量の拡大は輸送コストを下げるためにも不可欠だった。

「朝一番の新幹線で行き、机を2個ほど借りて試飲してもらった。ズーズー弁で声を掛けると、必ず岩手出身の人が足を止めてくれた。岩手の人の応援に助けられた」。試飲会を開く場所を紹介してくれたのも県内企業の関係者だった。

東京進出から3年で毎日10トン車が満載になるほどの取引ができた。牛乳やヨーグルト、プリンを通じ「多田克彦」の名は広く知られるようになった。ただ、古里では無名に近かった。

転機は1998年。6月に開業した道の駅「遠野風の丘」（道の駅登録は翌99年）にテナントとして出店できた。同業者らとの因縁に加え、過去の堆肥処理のトラブルもあり否定的な声は根強かったが、ブランド力への期待が上回った。

「仕事で全国を歩くと名前が通っていた。施設の目玉として客を呼べると思った」。こう話すのは多田さんの出店に関わった元遠野ふるさと公社事務局長の菊池新一さん（70）。施設は開業早々から人であふれた。多田さんの店は紛れもなくけん引役だった。

多田さんの持論は「農業は頭脳労働、研究開発型産業であるべき」。実践は商品の海外展開に表れる。

技術は全てデータ化

多田自然農場は2016年の台湾に始まり、米国、2019年に進出したシンガポールを合わせた計3カ国で「多田克彦」ブランドの乳製品や菓子を輸出販売している。

当初、年間100万円ほどだった海外の売り上げは、現在約4千万円まで増えている。柱はロサンゼルスやシカゴなど米国内で約10店舗を展開する日系スーパー・ミツワマーケットプレイスでの通年販売。海外進出を支えるのが、独自の食品冷凍技術だ。

船で海外に乳製品を出そうとすれば、長期保存がきく〝冷凍〟での出荷が欠かせない。しかし同社は従来、主力のヨーグルト、プリンをはじめ全商品を国内で〝冷蔵〟の状態で流通させていた。

多田克彦さんは「初めは冷蔵用をただ冷凍すればいいと思っていたが、成分が分離したり、水が出たり、とても食えるものじゃなかった」と振り返る。

実際、製造を担当する坪井里香さんも大いに悩んだ。「プリンが難しかった。原料の配合や冷凍、解凍の時間を変えながら、作っては冷凍して解凍し、食べては捨てるを繰り返した」

冷凍技術の確立まで外部資金も活用しながら2年ほどかかった。「セル・アライブ・システム（CAS）」と呼ばれる最新の急速冷凍機も導入した。

多田さんは「技術は全てデータ化してある。経験を論理の世界、いわゆる数値に置き換えることが大事。そうすれば後で調整ができる。イノベーションを起こさないと高付加価値は生まれない」と断言。研究開発型の取り組みこそ商品に強みを与えると信じる。

貯蔵施設でチーズのから拭き作業をする荘司こずえさん。海外展開や障害者事業所の運営にも手腕を発揮する＝遠野市・多田自然農場

海外進出は荘司こずえさんという片腕の存在が欠かせなかった。

２００９年に日本ＩＢＭから入社した荘司さん。チーズとパンの職人として働く傍ら、英語力を生かし２０１９年は米国に3回、シンガポールに2回渡航。試飲・試食スタッフとして現地でＰＲの先頭に立つ。

荘司さんは「米国は値段に関係なく買う人が多く、売り上げが伸びている。（多田）社長は、はた目に厳しそうだが、私はやりたいことをしているからプレッシャーと感じたことはない」と淡々。２０１２年からは野菜生産などを通じて障害者の就労を支援する合同会社「グリーンケア」の責任者も任されている。

多田さんは荘司さんについて「ＩＢＭでいろいろな会社、経営者を見てきた。荘司さんが来てから、劇的に会社が変わった。うちの切り込み隊長で情報収集役」と信頼を置く。

国内市場は今後、人口減による縮小が避けられそうにない。多田さんは中国やベトナムなどさらなる市場拡大、新たな商材の投入へ手を打ち始めている。

目指すのは「ストーリー性のある商品の提案」。鍵は業者同士の連携にある。

古里への思い入れ

「常に食卓のシーンを意識すべき。例えばチーズがあれば一緒にパンやハムを食べるし、ワインも飲む。自社の商品だけでは説得力がないし、売り方にもストーリーが必要だ」

多田克彦さんが大事にするのは消費者の視点。「別の商品、技術と組み合わせることで新しい動きが出てくる」と話す通り、他業者との連携に力を注いできた。

過去には遠野市内外の食品会社と一緒に、地元の米粉を使った菓子などを開発。東日本大震災後は東京の日本外国特派員協会で3年ほど、県内約20業者らの料理イベントを開いた。

2018年は米国に「遠野牛」の輸出を実現した。2019年は海外販売を目指す地元の業者を応援しようと、1200万円規模のファンドを自ら立ち上げた。

海外市場に力を入れる中で「商品の種類が増えれば売り場がにぎわう」と強調。そのための協力は遠野、岩手にとどまらない。

東京・浅草の漬物業者との計画が進む。「ショウガやキクラゲなどの食材を送り、向こうで総菜にして海外で売る。遠野は原料があり、浅草は加工の技術がある。点でなく手を携えてやる」。幅広い業者を巻き込んだ魅力ある食の創出で〝ウィンウィン〟を狙う。

遠野市の農村部で育ち、学生時代を除く約60年を過ごしてきた。仕事のエリアを全国、海外に広げても「ここ以外で事業をする気はない」と言い切る。

古里への思い入れが深い故か、現状に向ける視線は厳しい。

「イノベーションを起こさないと高付加価値の商品は生まれない」と語る多田克彦さん＝遠野市・多田自然農場

目下の関心の一つが、2020年12月のJR東日本の豪華寝台列車「トランスイート四季島《しきしま》」の遠野誘致。乗客向けに遠野ならではのコース料理を出すべく、自らメニュー案を練っている。

「四季島は遠野牛などの食材を磨き、ブランド力を高める好機だ」と多田さん。そして、あえて続ける。

「遠野は柳田国男先生の『遠野物語』があって、イメージはいい。本当はそれに見合う食や文化を体感できる企画を出さなといけないのに、出てこない。考えない、動かない、金がない―の『3ない』だ」。胸にある市行政をはじめとした地元へのもどかしさが、つい批判となって口を突く。

農業をなりわいとして30年余。仕事の傍ら盛岡藩の歴史や佐藤昌介、新渡戸稲造、後藤新平ら岩手の先人から学んできた。「つるむのでなく、いかに『個』として生きるかを大事にしてきた」。縦横無尽の行動力が道を切り開いてきた。

丸出しのズーズー弁で、質問に明快に即答する。郷土に対する愛着と、有言実行への自負がにじみ出る。代表取乱役舎長《だいひょうとりみだしやくしゃちょう》。名刺の肩書の通り、これからも地域を刺激し続ける。

【多田自然農場】元遠野市職員の多田克彦さんが1988年にホウレンソウ栽培を開始。89年に有限会社六角牛農場として起業し、酪農との複合経営に移行した。牛乳やヨーグルトを委託製造し首都圏などで販売。1998年に同市の「遠野風の丘」に出店し、同年に現社名とした。2008年にプリンを皮切りに加工品の自社生産を開始。2016年から順次台湾、米国、シンガポールに進出。関連法人に野菜生産などを通じて障害者就労を支援する合同会社グリーンケア。従業員はグリーンケアの利用者を合わせ約20人。多田自然農場の売上高は2019年10月期で約2億円。

人材派遣では
技術力を持つ企業になれない

水野節郎さん／イーアールアイ（盛岡市）

盛岡市上堂のイーアールアイは無線通信、センサー制御など最先端技術の提供や業務用プリンターをはじめとする産業機器の開発を通じ、暮らしの快適さ、社会の課題解決を追求するエンジニア集団。創業者の水野節郎社長（64）は大手電子機器メーカーの工場閉鎖をきっかけに起業し、地場のものづくり企業として着実に事業を拡大してきた。時として市場環境の変化に翻弄されながら、自社商品の開発や将来を見据えた人材育成に信念を持って臨んできた。歩みを追う。

【2020年3月2〜6日掲載】

初の自社ブランド商品

イーアールアイは２０１１年度、創業以来最高の売上高約4億4千万円を記録。前年度比6割増の急成長だった。大手フィルムメーカーからプリンターの2億円規模の開発案件を受注していた。

国内の製造業はリーマンショックの影響が残る中で東日本大震災に直面。経済は混乱していたが、同社にはどこか別の話だった。

実際、社長の水野節郎さんも「リーマンの余波は感じなかった。顧客は首都圏の会社なので、震災の影響もそれほどなかった」。

ただ時間の経過とともに不安は膨らんでいった。次の仕事はあるのか―。２０１２年度、売り上げは一気に半分になった。

創業時3人の会社は40人を超えていた。仕事のない人が出てきて8人を最大3カ月間、一時帰休させた。賞与も出せなかった。「一番つらかった」

社員に対し、取引先に新たな開発の提案を強めるように命じた。悩みは余力がある人材の活用だった。かねてからの〝課題〟に、改めて挑むことを決めた。

同社の売り上げは、メーカーの依頼に基づく受託開発が大半を占める。仕事の自由度は低く、製品からイーアールアイの関わりは見えない。

自社で独自に開発するものづくりを模索していた。次年度の業績悪化が現実味を帯びた2011年秋、水野さんは1人の社員の提案に乗った。近距離無線通信技術（ブルートゥース）を使った情報発信端末（ビーコン）と、当時普及し始めていたスマートフォ

イーアールアイの社内。ハードウエア、ソフトウエア、メカニズムの開発技術者をそろえ、最先端のものづくりを実践している＝盛岡市上堂

ンを組み合わせた情報配信サービスだった。

「スマホの利用は時代に合っていて、直感的に面白いと感じた。ブルートゥースは熟知していて、開発もスムーズと思った」

2012年秋、都内であったIT機器の展示会に試作品を出すと、来場者の列ができた。開発を提案・主導した同社技術部グループマネジャーの三浦淳さん（42）にとっても、反響は予想以上だったという。

三浦さんは震災後、復旧復興に無力であることにいたたまれない気持ちでいた。「自分たちの持つ技術で地域を元気にしたい」。水野さんら経営陣に開発を直訴した。

「世界初のスマートフォン向けブルートゥースビーコン発信器『ブルータス』」は開発費約5千万円を投じ2013年3月、待望の量産販売が始まった。初めての自社ブランド商品。そこには経営危機の克服、地域貢献への一人一人の決意が凝縮されていた。

ブルータスは販売こそ苦戦しているが、「フラッグシップ（旗艦商品）」として会社を支えている。

ワンストップの強み

イーアールアイの初めての自社ブランド商品「ブルータス」。専用アプリをダウンロードしたスマートフォンを手にブルータスの設置場所に近づくと、自動的にさまざまな情報がスマホに届く。商業施設でのクーポンや観光地での多言語案内の受け取り、駅構内で自分の居場所を確認するなどの使い方が想定された。

東京五輪・パラリンピックが予定されていた２０２０年。水野節郎さんには世界各地から集まる人々への情報サービス手段として、街中に大量に普及させたい思いがあった。

期待通りとはいかなかった。世界的ＩＴ企業の米国アップルがブルータスの販売からほどなく、同様のサービスを提供できるビーコンの規格を発表。ブルータスはコスト面で劣勢を強いられ、注文の多くはサンプルや実証実験向けの少量販売にとどまった。

これまでの出荷は、他社ブランド（ＯＥＭ）製品を除いて４千個ほど。水野さんは販売環境の厳しさを認めながら「会議の資料配布システムに活用する企業がある。何より、うちのフラッグシップ(旗艦商品)として技術力を伝える営業ツールになった」と前向きに語る。

ブルータスの発表以降、ブルートゥースを使う試作品などの開発依頼は増加。無線事業の売上高は、従来の1億円から2億円規模に倍増した。

水野さんが自社での商品開発の必要性に目覚めたのは、創業して3年ほどした頃。受託開発頼みの仕事に限界を見ていた。

「受託は基本的に相手の言う通りに作る。うちは能力を貸して開発し、納品すれば終わり。言うことだけ聞くのでは、社員がそれに甘んじて考えなくな

初の自社ブランド商品のビーコン発信器「ブルータス」。左側のタイプは 2013 年度のグッドデザイン賞を受賞した

る」

経営基盤を強化する目的もあった。「OEMでもいいから、自分たちで開発から量産までを手掛け、複数年にわたって収益が上がる商品を持ちたかった」

過去にはファンドから4千万円の投資を受け、株式上場を視野に未知のコンピューターウイルスの検知技術開発に挑んだ。低燃費運転を支援するエコ運転装置の量産化にも取り組んだ。

しかし、ともに途中で断念。ブルータス量産化は、まさに宿願だった。

イーアールアイの事業は「組み込み機器」の開発・製造。組み込み機器とはパソコンのように1台で多様な機能を果たすのと違い、限られた用途を実現する。ブルータスをはじめ、同社が手掛けるプリンターや歩数計も組み込み機器だ。

開発に必要な「三大要素」がハードウエア（電子回路）、ソフトウエア（プログラム）、メカニズム（駆動部やケース）。同社の特長は、全ての分野のエンジニアが在籍するところにある。

水野さんは「組み込み機器について、50人規模でワンストップ対応できる会社は少ない。ブルートゥースなどの無線系やプリンターの開発は特に強いと思う」と自負する。

業績は一時的な落ち込みはあったものの、高度情報化の進展を背景に緩やかな右肩上がり。それでも目指す安定経営は道半ばだ。

「今は『車載』『IoT（モノのインターネット）・産業（機器）』の2駆体制。これを4駆にし、どれかが悪くなってもはい上がれるようにしたい。自社開発も強化し、将来は売り上げに占める割合を受託開発と半々ぐらいにしたい」

創業18年目。会社はまだ若い。現状に満足せず、理想を追い続ける。

2002年5月。アルプス電気盛岡工場の閉鎖が水野さんの人生を変えた。

突然の工場閉鎖

水野節郎さんは住田町の農家に生まれた。13人きょうだいの末っ子で、一番上の姉とは親ほどの26歳も違った。手先が器用で絵を描くのが好きだった。高校は陸上部の長距離キャプテンで3年生の冬まで走っていた。

きょうだいは大勢いたから、当然、家を出て自立することを求められた。工業系を学ぼうと、東北工大（仙台市）の電子工学科に進学。4年生で入った研究室で、初めてマイクロコンピューターと出合った。

「コンピューターが小型化、高機能化する時代の変わり目だった。モノを新しく作る面白さがあった」。12ビットマイコンを使ったシステム製作が研究テーマだった。朝から夜まで打ち込み、自分の針路が見えた気がした。

卒業後、都内と横浜の会社で合わせて12年余、ソフトウエア、ハードウエアの技術者として働いた。マイコンの開発一筋で、家電やゲーム、車両メーターなど幅広い機器と関わった。

横浜の会社員時代に、学生の頃から交際していた盛岡市出身の裕子さん（62）と結婚した。34歳の時、裕子さんが両親の世話でUターンを望んだのをきっかけに岩手に戻った。自身3カ所目の就職先は玉山村芋田（現盛岡市芋田）に盛岡工場があった大手電子機器メーカーのアルプス電気（現アルプスアルパイン）だった。

県内有数の誘致企業は、ワープロ用プリンターの製造拠点だった。自身はオフィスコンピューター開発やレシート用プリンター部門で、主任技師などとして現場をまとめた。Uターンしたはずが単身で横浜、東京本社の勤務も経験した。

2000年代初め。パソコンが普及する中、ワープロ向けの事業は急速に縮小。安価な海外製品との競争も業績悪化を招いていた。2002年1月、会社は経営合理化のため、従業員約570人の盛岡工場の閉鎖を決めた。

突然の発表。それでも、どこか落ち着いていた。「統廃合は覚悟していた。会社の方針ならば仕方がないかなと…」
アルプスに残るか、辞めるか。悩んだが、単身赴任はもうしたくなかった。起業を選択肢として、強く意識するようになった。
その後1年近く、市内のソフトウエア会社に身を置き2003年5月、共にアルプス電気で働いていた3人でイーアールアイを設立。48歳の脱サラだった。
「好きなことをすれば、な

岩手日報　2002年（平成14年）1月8日（火曜日）　第2320

アルプス電気盛岡工場閉鎖

「5月めど」の方針

玉山村に通告　従業員は配置転換

大手電子機器メーカーのアルプス電気（本社東京、資本金二百二十九億一千三百万円、片岡政隆社長）は八日午前、玉山村芋田、システム機器事業部盛岡工場（広瀬康之事業部長、従業員約五百七十人）を閉鎖する合理化案を、同工場の従業員に説明するとともに玉山村など関係機関に伝えた。同村によると、閉鎖時期は「五月ごろをめどにしている」としている。同社は同日午後四時、県庁で記者会見し、正式に発表する。

工藤久徳玉山村長㊨に盛岡工場閉鎖の方針を伝える谷本勲アルプス電気常務㊧ら＝8日午前10時、玉山村役場

同社の谷本勲常務、広瀬事業部長らが村役場を訪れ、工藤久徳村長に説明した。

谷本常務は取材陣の質問に対し、工場閉鎖について「経営効率化を図るため、構造改革をしなければならない」とした上で工場閉鎖後の従業員に関しては「従業員は配置転換で対応したい。しかし、全員配転できるわけでもないので、それ相応の対応を考えたい」と話した。

同村によると、配置転換先は福島県いわき市のペリフェラル事業部小名浜工場、新潟県長岡市、小出町の磁気応用事業部としている。

工場閉鎖という最悪の事態に、工藤村長は「突然のことで困惑している。存続の再検討をお願いしたが、アルプス電気側からは理解を求められた。何とか存続を訴えていきたい」と話している。

一方、従業員には午前八時十五分からの朝礼で広瀬事業部長が工場閉鎖の方針を伝えた。朝礼は食堂に全従業員を集めて行われ、その後、各職場ごとに説明した。同社によると「発表時には多少ざわついたが、報道などである程度知っていたこともあり、比較的冷静に受け止めていた」としている。

システム機器事業部盛岡工場は一九七六年に設立し、プリンターを製造。デジタルカメラ用小型プリンターなども投入したが、ワープロ市場の縮小や安価な海外製品の影響などで急激に業績が悪化していた。

アルプス電気盛岡工場の閉鎖方針を伝える2002年1月8日付の岩手日報。水野節郎さんはこれを機に退社し、翌年5月にイーアールアイを立ち上げた

んとか食えると思った。リスクは考えず、ワクワク感の方が大きかった」。アルプスで築いた豊富な人脈と、頼れる技術者の存在が自信の裏付けにあった。

「創業から5年で売上高5億円、人員体制50人」を目標にした。現実は甘くなかった。

明暗分けた2事業

CD・DVDのドライブ開発と近距離無線通信技術のブルートゥースの活用―。イーアールアイが2003年の創業当初に主力としたのは、二つの事業だった。

DVDの仕事を長野県の会社とつないでくれたのは、水野節郎さんのアルプス時代の上司でアルプスアルパイン顧問の島岡基博さん（65）。「私自身の経験から、社員はいるのに仕事がないのは地獄だ。新しい会社の取っ掛かりをつくってあげたかった」

ＤＶＤは次世代規格のブルーレイが発表されたものの、その後の展開がなかった。「２００７、08年ごろには市場がシュリンク（収縮）するのが分かった」（水野さん）。関連の仕事はゼロになったが、会社のスムーズな離陸に果たした貢献は大きかった。

無線事業はアルプスから直接発注を受けた。携帯電話を手に持たずに通話できるヘッドセットや、ゲーム機のコントローラー向けで伸長。スマートフォンの普及が、さらなる追い風を呼び込んだ。無線は今、イーアールアイの仕事の半分に関わる基幹事業となった。

当初の２事業は明暗を分けた。起業メンバーの半田勝さん（47）と千田誠さん（50）＝ともに技術部＝は、会社の紆余《うよ》曲折を実感してきた。

半田さんは「ＤＶＤと次の仕事のはざまなどで、仕事がなくなる状況が多々あった。リスクを分散するため、みんなで何をすればいいかを議論した」、千田さんも「今の仕事も5年先、10年先は分からない。技術系の会社は、常に時代についていかないといけない」

と現実を受け止める。

創業5年目の売上高は目標のほぼ半分だった。「世間知らずだった」と水野さん。5億円に達したのは、14年目の2016年度まで待つことになった。

「作る力3割、売る力7割」。水野さんは技術者、経営者両方の経験則から、そう考えるようになった。「自分一人の営業では仕事の開拓がおぼつかなくなった。販売力がなければ、売れるモノも売れない」

2012年度の業績急落を受けた翌年、業界に詳しいアルプスの先輩を営業担当として採用。2016年には都内に正式に営業拠点をもうけた。

イーアールアイは今期、売上高、営業利益で過去最高をうかがう。「医療装置などの思わぬ開発受注

「会社の歩みには紆余曲折があった」と振り返る起業メンバーの千田誠さん（左）と半田勝さん＝盛岡市上堂・イーアールアイ

があり、産業機器が伸びている。経営環境はいい」。正しい針路を進む手応えが笑顔に表れた。

創業2年目の春から新卒を採用してきた。

将来見据え新卒採用

「新卒を採るかどうかは相当話し合った。最後は自分の結論ありきだった」。水野節郎さんは、実務経験のない新人を創業当初から採用してきた。

水野さんは最初の年、アルプス電気時代の同僚を中心に中途採用を進め、社員を10人まで増やした。仕事量はそれなりにあった。ただ、歩きだしたばかりのベンチャー。育成に手間も時間も要する新卒の受け入れに、社員の半数以上が悲観的だった。

水野さんは会社の将来を想像していた。かつて勤務したアルプスの盛岡工場は、平均年齢が20代後半だった。人が育っていく雰囲気が好きだった。

「自分は一番年長（当時48歳）だから、最初に抜ける。15年、30年と続く会社にするためには新卒採用が答えだろう。若い人を育てるなら、育てる側も若いときの方がいい」。そう説得して押し切った。

県内の大学や専門短大に人材を求めた。採用数は2人を基準にした。「同期がいた方がいい。先輩に言えないことも同期なら話せる」

1人だったり3人だった年もあるが、これまでにゼロは適当な人材がいなかった2回だけ。「アルプスを辞めて起業した会社で、うちほど新卒を入れているところはない」。水野さんは胸を張る。

採用をめぐり新卒のとき以上に、我を通したことがある。売り上げが急落した翌年の2013年度。元アルプスの3人を含む4人を中途で入社させた。4人は盛岡市内の勤め先の閉鎖が決まっていた。

こんな大変な時期に、給料の高い人をどうしてそんなに採るんだ―。水野さんの採用方針に、社内は反対一色だった。

4人中3人は機器を納める筐体や駆動部分などの開発に精通したメカニズムの技術者。もう1人はハードウエアのベテランだった。

「従来はメカ専門の社員がいなかった。採用すれば機器の最終品までスムーズに作れるし、量産化にもプラスになると思った」

元同僚を助けたい気持ちがなかったとは言い切れない。それでも〝情〟を優先したわけではなかった。能力を見極め、先々を見据えて迎え入れた。

指導員の先輩（右端と左から2人目）から研修を受ける2019年春入社の3人。ロボットコンテストなども人材育成に活用している＝盛岡市上堂・イーアールアイ

水野さんは原則、受託開発相手の大手メーカーなどに自社の社員を派遣しない。あくまで社内で開発を完結することにこだわる。

「人材派遣では技術力を持つ企業になれない。仕事は人しかできないから、会社は『人育て』に尽きる。それは自分たちでしないといけない」。信念を言葉にした。

「屋内位置測位」の技術で新たな自社ブランド品の事業化が進む。

「自走する社員」願い

イーアールアイが今、新しい看板商品として構想するのが、小型の無線電波送受信機「インクロス」だ。

近距離無線通信技術（ブルートゥース）を用い、衛星利用測位システム（GPS）が使えない工場や倉庫内でインクロスと小型発信端末（ビーコン）を連動させ、人、モノのおおよその位置を特定。人の動線や作業を可視化できるシステムを作り、生産性向上が課題の企業などに売り込むことを計画している。

屋内位置測位の技術開発は長年、県内の大学と一緒に研究してきた。水野節郎さんは「既に7、8社と実証実験に入っており、2020年度中にも量産をスタートしたい。（ビーコンの）ブルータスとセットで売りたい。他社ブランド（OEM）で欲しいという会社もあるかもしれない」と期待を高める。

60歳を過ぎ、事業承継の計画書をまとめた。「70歳までに新しい社長に渡す」と語り、2018年9月、クラウド会計の開発ベンチャーに勤めていた長男の剛さん（37）を後継者候補として入社させた。

「銀行との付き合いを考えると次は息子しかない。化学メーカーで開発を担当した経験があり、製造工場のことは分かっている。やれるかどうかでなく、やらせると決めて渡すしかない」。既に無線モジュール販売の子会社を任せ、年内にはイーアールアイの取締役に就ける考えだ。

将来への準備は昨秋、一般社員レベルでもスタートさせた。30代を中心に10人ほどの組織を立ち上げ、創業25周年に当たる２０２８年度の会社像「令和10年ビジョン」の検討ミッションを与えた。

「次を担う人たちに10年後、世の中に何を提供するか、会社がどうありたいかを考えてほしい」

根底に「自走する社員」への願いがある。「顧客が考えていないことを提案できれば、仕事の付加価値が上がる。そのためには常に考える力を付けないといけない。社員一人一人が考えて走れるよ

「令和10年ビジョン」の検討メンバーと肩を組む水野節郎さん（中央）。より良い企業を目指し、社員に「自ら考えること」を求める＝盛岡市上堂・イーアールアイ

うになれば、もっと生き生きと働ける、いい会社になれる」

高度情報化社会は得意とする無線やセンサー制御の技術を求めている。ビジネスチャンスは広がる。

それでも、こう言い切る。「会社の究極の目標は岩手で新しい仕事と雇用を継続すること。しっかり賞与を出せる収益を上げて、社員と家族が幸せになれる企業であればいい。規模を追う必要はない」

自身の役割は「次世代への確かな移管」。売り上げの多くを受託開発に頼るビジネスモデルは、功罪が相半ばする。技術と営業の総合力がますます問われる。憂いのない継承へ、当分は全力が続く。

【イーアールアイ（ＥＲＩ）】元アルプス電気（現アルプスアルパイン）技術者の水野節郎さんが２００３年５月に創業。産業機器や家電のように特定の機能を果たす「組み込み機器」の開発・製造を行う。社名は英語で「組み込み資源の統合」。受託開発、他社ブランド（ＯＥＭ）での開発・製造のほか、２０１３年に初の自社ブランド品として情報発信端末「ブルータス」の販売を開始。２０１６年に東京事務所、２０１９年に無線モジュール販売の子会社ムセンコネクトを開設。資本金５４３３万円。従業員55人。２０１９年３月期の売上高は約４億９５００万円。

社員は私が見ても〝アホ〟かと思うほど
利用者思いだ

大村喜代子さん／サンメディカル（盛岡市）

盛岡市を拠点に、介護が必要な高齢者や障害者向けに車椅子、特殊ベッドなどの福祉用具をレンタル・販売するサンメディカル。会長の大村喜代子さん（75）は２０００年の介護保険制度開始以来、「利用者本位」を掲げ、多様な研修を通じた社員教育や積極的な広報・営業戦略を武器に会社を成長させてきた。持ち前のチャレンジ精神は介護施設の運営や人材派遣業への進出など、経営の多角化に結びついた。介護保険に基づく福祉用具レンタルの分野で同社を県内随一の存在に導いた、大村さんの軌跡を追う。

【２０２０年４月16～20日掲載】

ラジオＣＭに活路

「レンタル　助かる　サンメディカル！」。ラジオやテレビのコマーシャルで、県民なら一度は聞き覚えがあるフレーズ。サンメディカルの躍進は、このＣＭ抜きに語れない。

福祉用具のレンタルは、公的介護保険の制度化とともに居宅サービスの一環として始まった。介護保険を使い高齢者らが多機能のベッドや車椅子、歩行器などを在宅で安価に借りられる仕組みは、高齢化社会で利用の急増が見込まれた。

県内でも多くの同業者がビジネスチャンスを求め、一斉に走りだしていた。当時社長の大村喜代子さんは悩んでいた。実弟から会社を引き継いだものの、サンメディカルという会社の名前が気になった。

「借りてもらうには高齢者に自分の会社を選んでもらわないといけないのに、肝心の社名が分かりにくい。『さんめで？』という感じ。変更も考えた」

大村さんは結果的に社名の継続を選んだ。「コマーシャルに懸けてみることにした」。耳に残りやすい言葉を思い巡らすと、言葉遊びのようなキャッチコピーが脳裏に「降りてきた」。冒頭のフレーズだった。

CMの媒体はラジオにこだわった。「介護する家族は、ゆっくりとテレビを見られない」。介護の負担軽減に役立つ福祉用具の価値を介護する人、される人に届けるには、ラジオが最適という読みがあった。

CMの話し手はプロのアナウンサーを使わず、自社の社員を登場させた。

「社員が話せば、言葉に心とエネルギーがこもる。ケアマネジャーなどが聴けば営業先で話題になる。

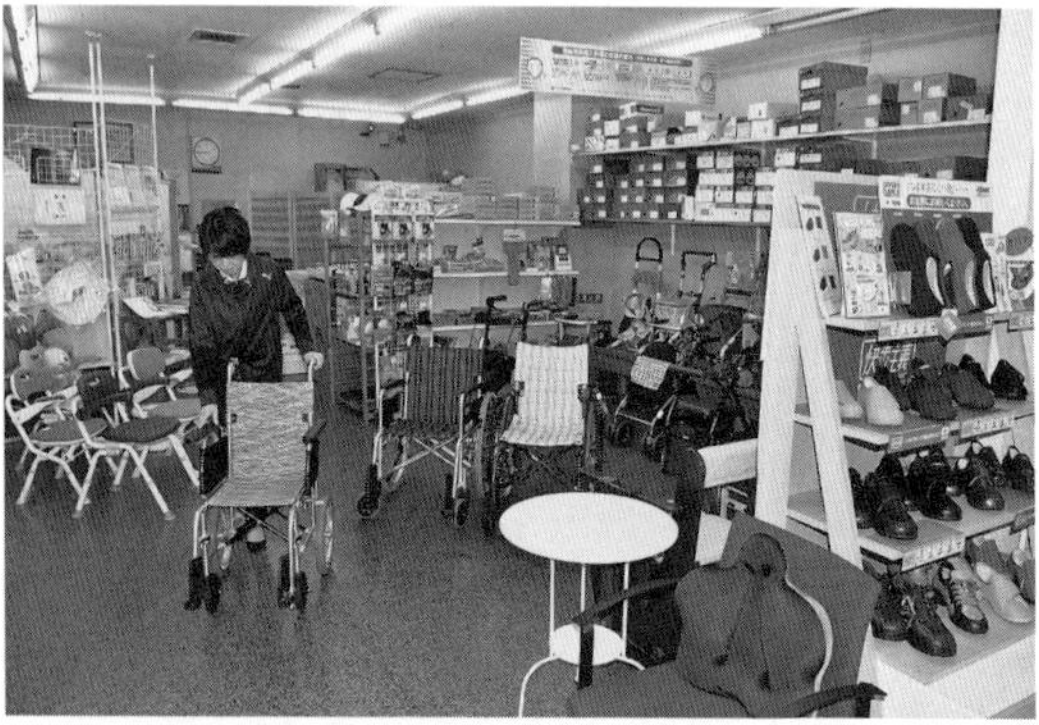

サンメディカル肴町店。車椅子や歩行器、靴など高齢者、障害者の日常生活を支える福祉用具が並ぶ＝盛岡市肴町

いろんな意味でシナジー（相乗効果）が生まれる」

狙いは当たった。「売り上げが着実に伸びていった。創業以来赤字が続き、資金的には厳しかった。ただ時期的にやらなければいけないことだった」

介護保険が始まる数年前に、盛岡市の郊外から中心部の肴町に本社を移したことも奏功した。病院や商店街が近く、大勢の高齢者が集う肴町は、同社の名前を知ってもらうのに絶好の場所だった。

現在、同社から福祉用具をレンタルする人は県内外に約５８００人、１カ月の介護保険からのレンタル収入は約７７００万円に上る。今日もラジオから、あのなじみのフレーズが流れてくる。

自社レンタルで成長

　介護と医療の未来博。サンメディカルは２０１７年６月、市内で大規模なイベントを開催した。ケアマネジャーをはじめ県内外の医療・福祉施設の職員ら２千人超が、最新福祉用具の優れた機能性を体感した。

「大のイベント好き」と語る大村さん。「未来博はまだ2回だが、他にもやるときは徹底的にやってきた」と言葉に力を込める。

　介護保険に関わる事業所のスタッフ向けの研修会は毎年、複数箇所で開催。あえて社外に門戸を開いてきた。

　認知症や法令順守に関する講義と福祉用具の展示がセットで、盛岡会場は例年３００人ほどが集まる。専門的な研修の機会をオープンで提供し、併せて日々進化する福祉用具をＰＲする活動は、同社の営業戦略上も欠かせないツールとなってきた。

介護保険を利用した福祉用具のレンタルは、ケアマネジャーが作るケアプランに基づいて行われる。

用具を借りるか否かや、どれを選ぶかの権限は利用者にあるとしても「(事業を伸ばすには)ケアマネジャーにサンメディカルを知って、信頼してもらう必要がある。足での営業はもちろん、研修などを通じて社員が多くの人と触れ合う機会を設けているのがうちの特長」。大村さんは取り組みを自負する。

「あなたの街のサンメディカル」を実現しようと、営業所を県内と隣県3県に相次いで開設。営業網の拡充に加え、大村さんが重視したのが「自

2017年6月に盛岡市内でサンメディカルなどが開いた「介護と医療の未来博」。県内外から多数のメーカーが出展し、生活の質を高める福祉用具の価値を発信した（同社提供）

社レンタル」と呼ばれる、商品を自前で買い取って貸し出すビジネスモデルだった。

専門業者から商品を借りて利用者にまた貸しする業者も多い中で、大村さんは「(歩行器など)流行があったり、壊れやすい商品は向かないが、長く使えるものは償却が終われば利益になり、自社レンタルの方が圧倒的にいい」と経営面の利点を強調。「大事なのは商品の目利き。高額な物が倉庫に残っていると、いらいらする」と正直に語る。

介護保険でレンタル可能な福祉用具は、床ずれを防ぐ「体位変換器」や尿・便を自動的に吸引する「自動排せつ処理装置」などを含む13種類と定められている。利用者は所得などに応じ、レンタル料金の1~3割の自己負担で借りる。

レンタル料金は上限こそあるが、基本は業者が自由に設定する。大村さんは同社の価格が相対的に高いと認めた上で、利益主義を否定し、こう続ける。

「レンタルの利点は、利用者が体などの状態に応じて取り換えられるところ。社員は私が見ても〝アホ〟かと思うほど利用者思いだ。安い商品でも必要なら1点から仕入れてきた」

同社の経営理念は「高齢者と身障者の尊厳ある生活を支える」。価格だけでない、熱心な社員教育で磨いたトータルサービスが、介護を要する多くの人に支持される力になってきた。

現場は基本的に社員に任せ、自分はもっぱら社内で采配を振るう。大村さんの経営スタイルだ。

「経営者に求められるのは判断。外の話を聞き、自社に落とし込む。常に判断を間違えないための準備はしてきた」。失敗談は―の問いに「仲間と一緒に歩いてきた。大きな失敗はない気がする」と返した。

大村さんは実父の開業した医療器械の販売会社を切り盛りしていた。

〝ゴッド姉ちゃん〟

大村喜代子さんが、福祉関係の道に進んだのは家業がきっかけだった。

4人きょうだいの長子で盛岡二高卒業と同時に、父親の清次郎さんが戦後始めた医療機器販売の三協医科器械商会（現三協医科器械）に入社。以後公私にわたり、弟で社長を務めた斉藤哲哉さん（68）が「両親亡き後の精神的支柱。〝ゴッド姉ちゃん〟」と称する存在感を発揮した。

大村さんは高校で打ち込んだ新体操の関係で進学を考えていたが、母親で当時三協の事務をしていた京子さんが入院したために進路を変更。大村さんは「自分がやるしかないでしょ、という感じ。弟に引き継ぐまでの軽い気持ちだった」。

三協は開業医などに注射器や注射針、はさみ、メスなど主に医療用の小道具を販売していた。両親は病気がちで2人同時に入院した時期もあった。大村さんは必然的に総務、経理、仕入れなど営業以外は何でもやることになった。

1974年。大村さんが29歳のとき、京子さんが54歳でこの世を去った。

大村さんは既に結婚し、娘がいた。下のきょうだいも皆、家業を手伝っていたが、ただ一人の男きょうだいの斉藤さんは大学を出たばかり。「亡くなる前に、母親から弟と父の面倒を見るように言われた。あれが大きかった」。大村さんは仕事を続けた。

大村さんは斉藤さんを営業の仕事に専念させた。「資金繰りの話を銀行としていると、どこか気持ちが小さくなる」が理由だった。斉藤さんは「金の心配は姉たちがしてくれた。実質的な経営者は大村だった。よくぶつかりはしたが、きょうだいだ

1998年当時のサンメディカル肴町店。盛岡市中心部に看板を掲げ、高齢者ら市民への浸透を図った（同社提供）

からやっていけた」と懐かしむ。

大村さんは1979年に次女を出産。子育てに加え父の死、斉藤さんの社長就任が続き、次第に仕事から距離を置くようになった。

平成に入ると、国内で超高齢化社会を見据えた公的介護保険の必要性が論じられるようになった。三協は医療機器のほか、病院用のおむつや退院した個人向けのベッド、ポータブルトイレなどの販売が伸びていた。斉藤さんは1993年、将来の介護保険の制度化もにらみ、三協の個人向け部門を切り離す形で新会社サンメディカルを設立した。

2年後、大村さんは斉藤さんからサンメディカルの社長を託された。「福祉の仕事が向いているか自信はなかったが、商品は三協で手掛けた物と重なるから、自分でも経営できると思った」。50歳で名実ともに企業のトップになった。

大村さんにとって、2000年の介護保険開始までは〝忍〟の時間だった。

自社で介護施設運営

「紙おむつの販売ぐらいしか仕事がなく、毎年赤字の垂れ流しだった」。大村喜代子さんは、社長就任から介護保険制度開始までの5年間を振り返る。

「介護保険は全く新しい制度で、うまくいくのかどうか分からなかった」。少しでも情報を得ようと、研修会巡りに励んだ。医療・介護事業の全国大手を中心とした同業者グループに入り、福祉先進地の欧州諸国も視察した。

制度開始に合わせてレンタル事業が解禁されると、状況は好転した。手持ち資金が潤沢でない頃、先の全国大手と組んで福祉用具を有利な条件で調達。当初から利幅が大きい自社レンタル（商品の自社所有での貸し出し）に取り組めたことが経営を軌道に乗せた。

前向きな大村さんだが、不安がないわけではなかった。法律に基づく制度ビジネスである以上、経営は国の意向に左右される。介護保険の給付制限は減収に直結し、最近でも2018年秋に始まったレンタル料金の上限設定が数百万円の売り上げ減につながった。

サンメディカルはレンタル以外に病院や福祉施設にベッドなどの販売も行うが、値引き競争で利益率は低い。経営リスクを減じようと進めたのが、事業の多角化だった。

ケアマネジャーが働く居宅介護支援事業所のほか、認知症対応のグループホームや有料老人ホームなど社会福祉施設の運営がその一つ。「施設は私たちの取引先。自分たちで運営してみることで、どんな困り事があるのか分かると思った」

建築設計事務所は介護保険の適用の有無を問わず、手すりのつけ替え、段差の解消など、介護が必

サンメディカルの認知症対応のグループホーム。社会福祉施設を直営し、ノウハウを福祉用具事業に生かしてきた＝盛岡市門

要な人が暮らしやすい住宅の改修を請け負う。「世話するなら、継ぎはぎじゃなく丸ごとやる方が安心してもらえる」。発想は明快。介護予防の「カーブス」事業も手掛けている。

近年は福祉業界の深刻な人手不足を受け、国内外からの人材確保事業に力を入れる。大阪に本部を置く外国人技能実習生などの受け入れ団体に加盟し、自社の介護施設でモンゴルとフィリピンからの実習生３人を雇用。今後は、海外に人材を求める企業への支援を強化する。

長年同社で大村さんを支えてきた常務の福田裕子さん（66）は「会長は決断が速く、ちまちましない性格。現状維持は駄目で、いつも仕事の火種を探している。いろんな話を急にしてくるから、一挙手一投足に敏感でないといけません」と苦笑交じり。多角化の背景に大村さんの旺盛な好奇心があったのは、衆目が一致する。

大村さんは人材育成を重視し、社内外の研修を積極的に活用してきた。

研修は自身の強化剤

「つえの取っ手に掛けたハンカチがきれいですね。でも力を入れたときに滑ってしまうので、外して使ってください」

サンメディカルの営業担当、阿部芳枝さん（44）が利用者の60代の女性と、傍らの夫に声を掛けた。

阿部さんはこの日、同社が貸し出す福祉用具の使用状況を確認する、モニタリングという仕事で女性宅を訪れた。近況に熱心に耳を傾けつつ、注意すべき点ははっきりと指摘。タイヤがすり減った車椅子やベッドマットの交換も決めた。

大村喜代子さんは「福祉用具は使い方次第で役にも立てば、凶器にもなる。常に正しく、有用に使われているかのチェックが大事」と基本の徹底を強調する。

心技に優れた人材育成を意識してきた。事業に不可欠で大村さんも持つ「福祉用具専門相談員」はもちろん、社員に福祉用具や介護に関する資格取得を奨励してきた。

日常の勉強会も活発だ。車椅子からベッドへの移乗訓練、トイレや浴室での用具使用のポイント、モジュール型と呼ぶ利用者の体格・障害に合わせた車椅子の組み立てなど、技術研修も内容は多岐にわたる。

施設、居宅のさまざまな介護サービスの中で、介護給付に占める福祉用具レンタルの割合は低い。サービスの選択はケアマネジャーの裁量が大きく、ケアマネが所属する事業所の都合が反映されるケースもないとは言えない。

大村さんは「介護予算の抑制方針などで、業界

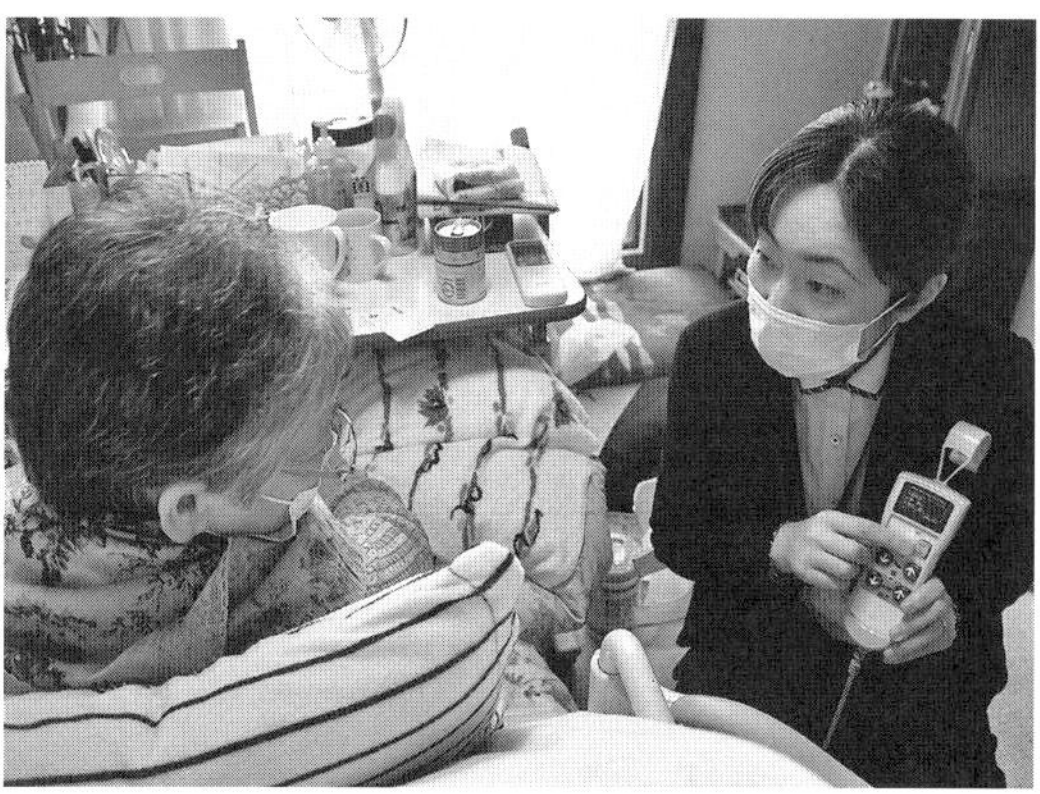

利用者の女性に電動式ベッドの注意点を説明する阿部芳枝さん（右）。研修などを通じ日々、心と技の研さんに励む＝盛岡市東新庄

は今後厳しくなるだろう。大事なのは〝本物〟が残ること。きちんとした技術を持つ社員が福祉用具を薦めていかないと、福祉用具の有効性を認識してもらえない」と危機感を交える。

社内木鶏《もっけい》会は社員の心を育てる場。東京の致知出版社が展開する教育プログラムで、サンメディカルは2011年の東日本大震災から間もなくして始めた。

「人間学の探求」を掲げる月刊誌「致知」を読み、参加者が感想を発表し合う。決して批判せず、前向きに互いに認め合うところに特徴がある。

大村さんは「目的は人間教育だが、うちの社員は全体に若く、普段あまり活字に触れていない。半強制的でいいから文章を読ませたい」と狙いを語る。

一流の知見を求め、六本木ヒルズ（東京）などで開かれる高額な経済セミナーにも社員を派遣してきた。大村さん自身が研修を好み、最近は中国の古典「書経」の講座で組織論を学んでいる。

「教養は付けただけでは意味がないから、自分の行動、判断の参考にしてきた。研修は私の強化剤」。社員にも自分にも投資を惜しまず、企業として飛躍という果実をつかんだ。

２０１７年、大村さんは東京への進出を果たした。

社員との「同士意識」

大村喜代子さんは２０１７年暮れ、東京都台東区に子会社東京サンメディカルを設立した。

社員の知人が都内に整備したサービス付き高齢者向け住宅に、福祉用具をレンタルすることになったのがきっかけだった。間を置かず、大村さんは次のアクションを起こした。目黒区を拠点に福祉用具レンタルと訪問介護、居宅介護支援事業を行う有限会社を買収した。

東京サンメディカルは従業員3人からスタートし、現在9人まで増員。「東京の人は福祉用具について、あまり深く考えていない気がする。専門的な説明が評価され、自分たちの技術が通用している。東京に会社があると、情報が早く入り、同業大手の考えも分かる。みんなが反対だった買収も、いい判断だった」

東京の福祉用具関係の業績は、まだ目標の半分に届いていない。それでも大村さんは、将来を考えた巨大市場への展開という決断の正しさを信じている。

2020年1月に長女の千亜紀さん（48）に社

2020年1月から会長を務める大村喜代子さん（中央）。長女の千亜紀さん（右）、常務の福田裕子さん（左）と笑顔でこれまでの歩みを振り返る＝矢巾町・サンメディカル管理センター

長を引き継ぐまでの四半世紀、経営トップとして「ひたすら走ってきた」。レンタル事業を始めた当初5人ほどだった従業員は200人超に。この間、社員との「同士意識」を心掛け、「社員が働きやすい会社の永続」を最優先に考えてきた。

大村さんは15年前、米国生活から帰国した千亜紀さんをサンメディカルに後継者として入社させ、副社長として行政関係の手続きなどを任せてきた。

事業を引き継いだタイミングは「そろそろいいか程度。75歳という年齢的な節目もあった」と語り、千亜紀さんを評し「鼻っ柱がすごく強い。私のやることに口を出さない分、自分にも出してほしくないはず」。

会社の代表権は千亜紀さんだけにした。「会社を持続可能な組織にするには、娘のような自立型の人間はぴったり。あとはもう少しみんなに優しくなってくれれば」。大村さんは、まな娘にリーダーとしての一層の成長を期待する。

千亜紀さんは「会長（大村さん）は、愛情とお金をかけて人材を育ててきた。従来のような業績の右肩上がりは望みにくい時代。私一人で頑張るのではなく、チームとしていい会社をつくりたい」と受け止める。

大村さんは経営の一線を退き、最近は編み物などを楽しむ。「別なことに集中して仕事の意識を外す」と話すが、今も社員の日報は子会社分と併せてチェックし、時にコメントも書き込む。タブレット端末の向こうにいる社員一人一人を思い、エールを送り続ける。

【サンメディカル】１９９３年に大村喜代子・現会長の実弟の斉藤哲哉さん（三協医科器械会長）が有限会社として設立。95年に大村さんが社長就任し、２０００年４月の介護保険制度発足に合わせ福祉用具のレンタル事業を開始。２００３年株式会社化。営業所は岩手、青森、秋田、宮城の４県に計13カ所。他に有料老人ホームや居宅介護支援事業所、建築設計事務所などを運営する。子会社は東京サンメディカル（東京都台東区）など5社。従業員２０４人（２０２０年３月末）、グループ全体で約４００人。２０１９年６月期の売上高は約21億２千万円。

悩んでいる経営者に会うと、
売り上げを増やすために熱心になっている自分がいた

佐藤誠司さん／佐藤税理士法人（盛岡市）

盛岡市本宮の佐藤税理士法人は1976年の開業以来、40年余りに渡り、決算処理や税務申告などの代行・指導を通じて県内企業の経営を支えてきた。創業者で現会長の佐藤誠司《せいじ》さん（72）は税に関わる実務に加え、顧客の業績を伸ばすコンサルティング活動を重視。近年は自治体の会計支援や相続・事業承継分野の取り組みを強化する。「士業《しぎょう》の森」構想は、他の士業との連携を前面に打ち出す野心的なプロジェクトだ。従来の税理士像にとらわれず、多様な事業にチャレンジし、業界で「異色」と認める佐藤さんの歩みと決断を伝える。

【2020年6月29～7月3日掲載】

「士業の森」プロジェクト

盛岡市本宮の県道脇にシャープな造りの5階建てビルが立つ。夕暮れには、ライトアップされた青と緑の「士業の森」の文字が外壁に浮かび上がる。完成は2018年9月。佐藤税理士法人の会長、佐藤誠司さんが約3億円を投じた新社屋だ。

30年以上前、街の将来性を見越し、本宮地区に事務所を移した。社屋の整備計画は以前から温めていたが、業績の伸び悩みもあり具体化できずにいた。

佐藤さんに建設を決意させたのは「外圧」だった。

税理士事務所の開業から丸40年を迎えた2016年。足元で看過できない動きが広がっていた。県内地銀が県外の大手税理士事務所と組み、企業の合併・買収（M&A）などの事業承継、相続対策の取り組みを活発化。支援の打診は佐藤さんの顧客にも及んでいた。

税務書類の作成代行など伝統的な税理士業は、企業数の減少やIT化の進展で確実に細っていく。佐藤さんは生き残りのため、企業経営を「総合的」にサポートする道を志向していた。

経営者の高齢化を背景に「総合」には当然、事業承継や相続対策が含まれる。

外圧を肌で感じ、プライドに火が付いた。佐藤さんは「M&Aなどの成功報酬で稼ぐ気はない」とした上で「大事なのは事業者に合った経営移行のプランを提案すること。大手のようなパッケージ型の対応でない、地元の税理士だからできる、きめ細かな支援がある」。言葉に熱がこもる。

経営面でも追い風が吹いていた。国は2015年、自治体の会計改革として複式簿記の導入や固定資産台帳の整備を推進。これをビジネスチャン

相続や確定申告、決算などの業務に当たる職員。生産性と専門性を高め、幅広い顧客のニーズに寄り添う＝盛岡市本宮・佐藤税理士法人

スと捉えた自治体向けサービスで、収益力が高まっていた。

ビルの建設費は全額を借金で賄った。「ほぼ問題なく支払える見通しを持てた。建てるなら、あのタイミングしかなかった」

以前の社屋は同じ本宮でも、表通りから離れた場所にあった。開発が進む盛南地区と市中心部を結ぶ幹線道沿いにビルを持つことで〝顧客〟となる行政や市民に法人の信用力をアピールできると踏んだ。

「相続一つでもさまざまな法律、手続きが関係する。税の専門家だけでは対応できない」。税理士をはじめ弁護士、司法書士、社会保険労務士ら多様な士業が集い、ワンストップで問題の解決に当たる――。

新社屋のコンセプトは明快。専門家たちがつくる「森」こそ、佐藤さんが思う、これからの税理士の理想の居場所に他ならない。

商標登録も行った「士業の森」。ブランド化の道のりは、まだ途上にある。

多角化より専門化追求

　佐藤税理士法人の3階は、外部の専門家向けに開放するテナントエリア。6区画中、現在のテナントは社会保険労務士とファイナンシャルプランナーの二つにとどまる。

「『士業の森』の格を考えるなら弁護士事務所などがあればいいが、弁護士は裁判所に近い所の方がいいようだ。専門家集団をアピールするセミナーの開催やネットの活用も、まだ緒に就いたとは言えない」

　佐藤誠司さんは現状を分析。佐藤税理士法人から昨年初めて中小企業診断士が誕生したように内部で高度人材を育てながら、業務提携する複数の弁護士や司法書士、社労士らと場所にこだわらず柔軟に連携したい考えだ。

　顧客数約430件、売上高約2億4千万円。同法人は今、県内の税理士業界でトップクラスの事業規模を誇る。佐藤さんは「業績が上向いてきたのは10年ほど前からだ。以前は顧客も職員も思うように増えなかった」と記憶をたどる。

開業10年目から20年目で顧客は倍増、売上高は3倍増になった。しかし以降は成長が鈍化した。

業界にはかつて、厳しい広告規制があった。他の税理士の顧客に対する営業活動は禁じられ、新規は既存の顧客や金融機関の紹介に限られた。事業者側にも一度依頼した税理士を変えるという発想は乏しかった。

成長のエンジンを再点火させたのは三つの決断。一つ目は2008年のクラウド会計システムの導入だ。

佐藤税理士法人は長年「巡回監査」という営業方

佐藤税理士法人の3階にあるテナントエリア。さまざまな士業が入居し、ワンストップで相談を受けられる態勢づくりが理想だ

法を採ってきた。顧客の企業が行う会計処理の確認・指導は、職員が現地に出向いて一から行っていた。

「労働集約型の仕事で生産性を上げるのに限界があった。担当者の能力によって、業務品質と効率性にもばらつきが生まれた」

クラウド会計はネット上にデータが保管され、職員がネットを介して顧客の会計処理の現況を常に把握できる。「巡回監査は続けているが、クラウド会計によって事前に課題を絞って訪問できるようになった。顧客側の負担も減った」

担当者任せにせず、顧客の状況を重層的に確認する組織体制を整えた。低価格の会計サービスが登場する中、クラウドによる業務の効率化は価格競争力の面でもプラスに働いた。

さらに佐藤さんは2011年、全国の会計事務所のフランチャイズ（FC）チェーン「Q—TAX（タックス）」に加盟した。

関連して事業化した相続・贈与の無料相談は来所の〝敷居〟を下げた。税理士紹介サービスの利用、ＦＣが強みとする安価な料金体系の一部導入も、顧客の裾野を広げた。

何より大きな変革がＦＣの知名度に期待した、顧客対応の「来店型」への転換だった。「生産性は（仕事にかかる）時間で決まる」。戦略を形にする場こそ、開放感を重視した「士業の森」ビルだった。

同法人は企業の税務会計業務のほか近年、国の制度改革に基づく公益法人、自治体（公会計の支援業務に力を注いできた。医療法人の相続税対策でも実績を積む。多角化でなく「専門化」の追求が、三つ目の決断と言える。

Ｑタックスに加盟した２０１１年度の佐藤税理士法人の売上高は約１億４千万円。業績はこの頃を境に、確かな上昇曲線を描き始めた。

佐藤さんは母親の意向で盛岡商高に入学した。今につながる簿記と出合った。

6年がかりで税理士資格

佐藤誠司さんの生家は今も紫波町で続く時計店。3歳で父親を亡くし、母親のユキさんが2歳違いの兄と自分を育ててくれた。

子どもの頃、家の手伝いはしたが、打ち込むものはなかった。ユキさんに言われるがまま盛岡商高を受験し「引っかかった」。

進学後「何もしない、今のままじゃいけないと思った」。一つの教科に興味を持った。「簿記は誰でもゼロからのスタート。国語や英語では勝負できないが、簿記なら勝てるかもしれないと考えた」

2年生で全国の商業高校団体が実施する簿記検定の1級に合格した。自ら簿記の同好会を立ち上げ、生徒会では会計を担当した。

知識を生かそうと、就職は高校の先輩が前年に開業した、盛岡市内の秋山信勝税理士事務所（現税理士法人秋山会計事務所）にお世話になった。勤務した初日、苦くも、貴重な経験をした。

そろばんで棚卸し表の集計を命じられた。いいところを見せようと、早く仕上げる方に気が向いた。結果は間違いだらけだった。

正確でなければ何をしても無駄だぞ―。とがめられ、自分の甘さを知った。「70、80点取ればいいという学生根性だった。計算は絶対に間違わないと決意した」

秋山事務所で働きながら税理士資格の取得を目標にした。試験に役立ったのが、日々培った計算の集中力だった。

税理士資格を取るには簿記論と財務諸表論、所得税法または法人税法の必須3科目を含む5科目の合格が必要

盛岡商高の生徒会仲間と写真に納まる３年時の佐藤誠司さん（後列右から４人目）。簿記を熱心に勉強し、生徒会では会計を務めた（佐藤さん提供）

になる。科目試験の配点は多くが計算と理論が各50点。100点満点で60点以上取れば合格だ。

「計算は自信があり、理論で10点取れば合格できると踏んでいた」。若い職場で20代早々に所長代理を任された。申告や決算対応で繁忙を極める中、6年かかって5科目に合格した。

秋山事務所にいた頃、大きな出会いに恵まれた。全国の税理士（会計）事務所に会計システムなどを提供するTKC（宇都宮市）の創業者飯塚毅さん。東京でのセミナーに参加し、衝撃を受けた。

当時の企業の決算業務は多くが税理士事務所頼み。事務所の職員は手書きで元帳や試算表を作る〝記帳代行〟に追われていた。

飯塚さんが説いたのは、コンピューターを使った会計への移行と、巡回監査の必要性だった。

「これからの時代の会計のあり方だと感じた」。秋山所長の下、業務の見直しに励んだ。

企業が伝票を使って自ら元帳などを作り、税理士事務所は巡回による経理指導や監査、決算申告を行う方向を目指した。

「自利とは利他を言う」。飯塚さんの言葉は仕事だけでなく、人生の指針として今も胸に刻まれている。

1976年、佐藤さんは職場結婚の洋子さん（70）の盛岡市内にある実家で、税理士としての第一歩を踏み出した。

経営者支援の研究会

佐藤誠司さんが「佐藤会計事務所」の看板で独立したのは1976年、28歳の時だった。

妻の洋子さんは初めての子どもを妊娠していた。開業間もなく職員2人を採用し、実質4人での業務開始だった。

早々から慌ただしかった。開業初日、顧客に税務署の調査が予告なしに入り、事務所の整理もできないまま駆け付けた。調査対応はさらに2週連続で発生した。ありがた迷惑の〝開業祝い〟に、佐藤さんは「『勉強不足。開業はまだ早いよ』と言われているようだった」と懐かしむ。

時期も良くなかった。独立に当たり勤務先だった秋山会計事務所から顧客18件を譲ってもらったが、当時の日本は第1次オイルショック後の不況下だった。「創業する人は少なく、仮に新規の顧客があっても赤字企業ばかりだった」。開業して2、3年は顧客の倒産や夜逃げが頻発した。

「金がない」「もうからない」という資金繰りの相談は多かった。それは幼き日の心象風景と重なった。

父亡き後、母のユキさんは子ども2人を育てながら時計店を切り盛りした。

「お金で苦労する姿を見て、商売は嫌だと思っていた。でも、この仕事を始めると違った。悩んでいる経営者に会うと、売り上げを増やすために熱心になっている自分がいた」。節税とか資金繰りを超えた、顧客の経営そのものを良くすることを仕事のテーマに据えるようになった。

それを体現しようとしたのが岩手経営研究会だった。１９８７年、自分と同じ試験合格組の若手税理士３人と株式会社を立ち上げた。それぞれの顧客を会員とした経営支援事業にチャレンジした。

最新の経営情報の発信や船井幸雄さん、桜井よしこさんら著名な講師を招いて講演会を実施した。

研究会で事務局を務めた山田敬次郎さん(73)＝事

経営に関する顧客向け研修会の様子。佐藤誠司さんは早くから企業の業績向上支援に取り組んだ＝1985年ごろ、盛岡市本宮（佐藤さん提供）

業協同組合経営高度化センター専務理事＝は「佐藤さんは経営者を巻き込み、一緒に経営を勉強しようとしていた。リスクがあっても夢に向かうことを勧める、税理士らしからぬ面があった」と語る。

研究会は10年で解散したが、佐藤さんは結局2000年代の初めまで、自らも講師となり経営計画作成などのセミナーを続けた。

理想を追った一連の活動は、イベントの集客を中心に身の丈以上の出費を招いた。税理士でありながら、一時期は累計で1千万円ほどの赤字に陥った。

「(赤字後は）借り入れの返済に苦労した。事務所の地位を高め、顧客を拡大するためにいろいろやっていた。若気の至りだった」と佐藤さん。その後、経営のことを考えてセミナー事業などは縮小したが、顧客である中小企業の経営を応援するという大方針は、一貫して揺らぐことがない。

創業の精神は「信頼」、「いわて1番宣言」の達成。佐藤さんは毎年作る経営計画書で、職員に経営の方針を徹底してきた。

全職員に人材力を

佐藤誠司さんは顧問企業の経営支援のため、県外の経営者セミナーなどで意欲的に知識を吸収してきた。

多くの出会いの中で「経営の本質論や商品開発の考え方に響くものがあった」と語るのが経営コンサルタント一倉定《さだむ》さん。30歳を過ぎた頃に参加した日本経営合理化協会（東京都）の研修で感銘を受けた。

「経営改善に必要な経営計画の考え方、商品のライフサイクルが分かる年計グラフの有効性などを知った。誰もが改善のポイントをつかめる内容だった」

勧めに従い1987年、初めて自ら数ページの経営計画書を作成。以来、内容を充実させながら作り続けた。

本年度の計画書は50ページ超に及ぶ。事業を「中小企業経営支援業」と定義し、実行への経営ビジョンに「『いわて1番宣言』の達成」を掲げる。1番を目指すのは「規模の拡大でなく、人に知ってもらい、力を発揮するため」に他ならない。

同宣言は▽人材力▽業務品質▽顧客価値創造▽顧客コミュニケーション▽情報発信力―の5項目。特に人材力は、佐藤さんにとって「永遠のテーマ」だ。

人手の確保に悩まされてきた。「10年以上採用ができない時期もあった。会計事務所の仕事は『難しい』『忙しい』などのマイナスイメージがある。人が増えず組織力もない状況で無理に事業を広げると、良い顧客から離れていった」

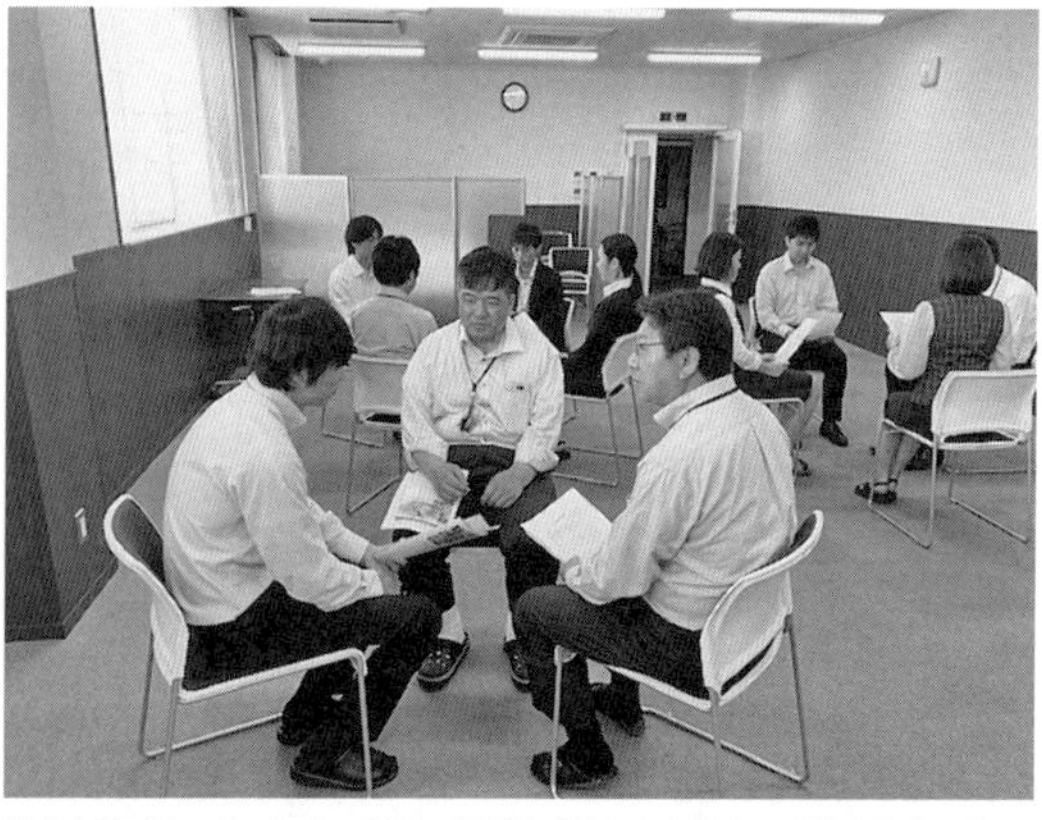

社内木鶏（もっけい）会の様子。月刊誌「致知」を読んで感想を発表し合い、明るく、前向きな心の大切さを共有する社員たち（佐藤税理士法人提供）

それでも譲れない一線があった。「われわれは経営者に経理だけでなく、営業方法まで変えるよう指導する場合がある。コミュニケーション力や社会人の常識がなければ外に出せないし、会計とか税法に関する専門性、判断力も必要になる」

実務能力は所内の勉強会に加え、顧客、税務署、金融機関との日々の〝真剣勝負〟が訓練の場になってきた。人間力やコミュニケーション力の向上には、社内木鶏《もっけい》会という職員同士で前向きな心を培う活動を継続してきた。

業務品質は仕事への信頼に通じる。申告の際、税理士が事前にどんな監査をしたかを示す書面添付制度の活用に力を入れている。

佐藤税理士法人の現在の添付率は85％程度と高い。佐藤さんは繰り返す。「あの税理士の顧問先なら税務調査は不要とか、あの事務所に頼めば大丈夫とか、国税にも企業にも信頼してもらうことが大切。そのために税理士は、顧問先に不正が起こらないよう内部統制まで立ち入らないといけない」

経営とは―。佐藤さんは「褒めて人を使うのは〝味の素〟程度。本質は命令と処分」

と言い切る。

「数字は結果。職員には行動、自らの目標へのチャレンジを求める。生産性を高め、一番給料が高い会社になろうと話してきた」

佐藤さんの夢は顧客のため、全ての職員がオンリーワンのプロとして活躍する姿。成長を信じるから、指導に妥協はしない。

2018年、長男の洋平さん(43)に所長職を引き継いだ。

100年続く企業に

「100年続く企業にならなければいけない。同族経営を脱し、専門性を持ったトップの事務所でなければ生き残れない。法人化し人材が集まる組織になる必要があった」

佐藤誠司さんは2010年、個人の税理士事務所を税理士法人に組織替えした。法人化には規定上、複数人の税理士登録が必要。もう一人となったのが、公認会計士・税理士として東京の監査法人で働いていた長男の洋平さんだった。

もう1回やってみろ—。洋平さんには、忘れられない父の一言がある。

両親の仕事ぶりを身近に見て育った。「信頼のある良い職業」と感じ、資格取得すれば税理士登録もできる公認会計士を目指して、横浜の大学に進学した。3年時から資格試験を受験した。しかし在学中は合格できなかった。

就職せず、引き続き仕送りを受けて臨んだ3回目の試験にも失敗。電話で佐藤さんに「（受験は）やめる」と伝えた。返ってきたのが、先の言葉だった。

「ありがたかった」。改めて奮起して受験した2000年、4度目で合格をつかんだ。その後は大手、準大手の2カ所の監査法人で上場企業の監査や事業承継などのコンサルティング業務の経験を積み、2016年に盛岡に戻ってきた。

佐藤さんは2018年、税理士法人の執行責任を持つ所長職を洋平さんに引き継いだ。会長として、よりサポート的な立場になり、実務は相続などの相談業務に軸足を置くようになった。

所長交代は開業から40年を過ぎ、70歳という節目を意識した。佐藤さんは「洋平は公認会計士として十分な実力とキャリアがある。今後は所長としての決断力、経営力も磨いていってほしい」と望む。

洋平さんは父親について「そこまで言うか、というくらい厳しいときがある」と明かす。その上で「自分でなく他のためを追求し、信頼を得てきた。そこは引き継ぎたいし、組織として総合的な質を

バラが咲き誇る庭で長男の洋平さんと語らう佐藤誠司さん（右）。「これからの時代は、より専門性を持った職業会計人が求められる」と展望する＝盛岡市

高め、地域で圧倒的な1番にならないといけない」と意欲を燃やす。

佐藤さん一家は、長女の石塚英理さん（38）も同法人の税理士として東京事務所を担当。次男の研吾さん（39）は「士業の森」ビル2階で、住宅ローン会社を経営している。

税理士事務所の勤務当時から公私で佐藤さんを支えてきた妻の洋子さんは「厳しくても弱気は見せない方。（仕事は）存分に最後までやりきってほしい」と後押しを誓う。

「税理士は企業の経営実態をじかに見て、トップの重大な決断を疑似体験できる。優れた経営者から学ぶこともできる。素晴らしい職業だ」

佐藤さんは歩んできた人生の豊かさに感謝し、バラが咲き誇る自宅の庭で笑顔を見せた。

【佐藤税理士法人】現会長の佐藤誠司さんが1976年に盛岡市稲荷町で佐藤会計事務所として開業。84年に同市本宮に移転。87年マネジメントスタッフ（現ザ会計事務所）設立。2010年に法人化。2018年、「士業の森」ビル完成、佐藤さんの長男洋平さんが所長就任。企業の税務・会計業務のほか自治体（公）会計や相続・事業承継のコンサルティング業務などを行う。東京都品川区に東京事務所。グループ企業は住宅ローン販売、相続・贈与相談、M&A支援・保険紹介などの3社。職員35人（グループ企業含む）。2020年2月期の売上高は2億3700万円。

自分たちには馬がいる

船橋慶延さん／企業組合八幡平地熱活用プロジェクト（八幡平市）

八幡平市松尾寄木の企業組合八幡平地熱活用プロジェクト（農場名＝ジオファーム・八幡平）は県内で唯一のマッシュルームの生産農場。理事長の船橋慶延《ふなはしよしのぶ》さん（38）は馬の敷きわら（馬厩肥《ばきゅうひ》）を活用した伝統的な生産にこだわり、競馬などを引退した馬たちの新しい価値の創造を目指す。学生時代は馬術競技に打ち込み、卒業後は競走馬の育成に携わるなど常に馬と生き、東日本大震災をきっかけに同市に定住した。雄大な岩手山を望む地で「世界展開」という志を胸に奮闘する船橋さんのこれまでと、これからを見つめる。

【２０２０年８月24〜28日掲載】

馬厩肥でマッシュルーム

船橋慶延さんは2012年、八幡平市平笠のクラリー牧場で新たな収入源探しに追われていた。

乗馬体験や馬の預託受け入れをしていた牧場は前年の東日本大震災で経営が悪化。船橋さんは経営者で馬術競技の「レジェンド」と慕うクラレンス・ジョージ・リドゥリーさんを応援したいと北海道から移住したが、無給が続いた。

サラブレッドやポニーなど6頭を北海道から連れてきていた。「牧場は餌代も不足し馬を減らさないといけない状況だった。馬を引き取るところと言えば肉用ぐらい。でも、と畜のために連れてきたわけじゃないから現金化できる事業を何かしないといけなかった」

ピーマンやトマトなど野菜づくりに励んだ。その一つにマッシュルームがあった。リドゥリーさんの一言で、がぜん力が入った。

出身のオーストラリアには副業でマッシュルームを作る馬牧場が結構ある―。伝統的に、馬房の敷きわらがマッシュルームの育つ培地の原料になってきたことも初めて知った。

インターネットで栽培法を調べ、牧場の馬厩肥で培地をつくった。試験的につくると「意外にうまくできた」。後に秋でキノコ類が育ちやすい時季だったと知ったが、当時は「作れるかもしれないと勘違いした」。

温泉事業者向けの地熱活用に関する国庫補助事業の情報をキャッチ。牧場近くで温泉施設を経営する「ハラショー」の社長甲斐勇さん（49）にマッ

マッシュルームハウスに隣接する馬房で馬にブラシを掛ける船橋慶延さんの妻友紀恵さん。馬房の敷きわらとふん尿が混じった馬厩肥が、培地の原料になる＝八幡平市松尾寄木

シュルームの量産事業を打診すると興味を持ってくれた。

馬の仕事に専念したいというリドゥリーさん側の意向も踏まえ、マッシュルーム生産は船橋さんが中心になった。２０１３年秋に補助金が採択。山形県のマッシュルームメーカーの協力も得て一気に構想を進めた。

牧場を離れ、２０１４年早々の生産開始を視野に入れた。しかし「動きだすと、どんどん計画が崩れた」。震災復興で建設費が高騰。資金不足のためマッシュルームの生産ハウスは６棟から４棟へ、並行して進めた堆肥製造の堆肥舎は３棟から２棟に減らした。自前での培地づくりは諦めた。

２０１５年１月、待望のマッシュルーム生産が始まった。メンバーは従業員約20人と馬厩肥を生み出す13頭の馬たち。競馬でも乗馬でも食肉でもない「馬の新しい産業をつくりたい」。目標への一歩を踏み出した。

「馬由来」の生産にこだわると、取引先との間にあつれきが生まれた。

資源循環を具現化

船橋さんはマッシュルーム事業を始めた当初、山形県のメーカーを頼りにしていた。培地を購入し、商品販売の面倒も見てもらった。しかし協力関係は長く続かなかった。

「馬の関わりで認識が異なっていた。自分は馬由来だから意味があると考えていて、馬厩肥の利用などをどんどんオープンにしたかった。相手はそこのスタンスが違い、関係がぎくしゃくしてしまった」

学生時代から馬術や競走馬の育成を通じて馬と関わってきた。自然と現役を引退した馬の「その後」に関心を持つようになった。

競走馬などが引退後に行き場を失い、多くが食肉処理に向かう実態は半ば公然の秘密。「『馬の殺処分ゼロ』を訴えるつもりは全くない。食肉としてニーズが高ければ原理原則として仕方がない。ただ、自分で世話をした馬たちはせめて守れないかと思う。今までにはない馬の居場所をつくり、殺処分をしなくてもいい仕組みをつくりたい」

全国でも珍しい「馬がいるマッシュルーム農場」にこだわるわけはここにある。

「馬がいれば餌代や敷料代が必要でコスト高になる。他方、バイヤーやメーカーは馬がいて馬厩肥を使う、伝統的で持続可能な栽培方法に付加価値を感じて買ってくれる。馬がいる意義はすごくある」

経営理念は「馬と人との永続的循環社会をつくる」。経営にはマイナスでも、譲れない一線がある。

２０１５年１月の農場稼働以来、ハウス４棟

ハウスで成長するホワイト種のマッシュルーム。３週間ほどで１回目ができて収穫する。プロジェクトでは同じ培地から通常４回の収穫を行う

（1棟160平方メートル）でホワイトとブラウンの2種類を無農薬で生産してきた。機械化は一部にとどまり、収穫や選別、散水など作業の多くは人手が担う。今、船橋さんが最も重視するのは生産の安定だ。

山形県の会社との関係終了後は販路探しに走り回った。県内の卸売市場や生活協同組合に、駄目元で飛び込み営業も掛けた。

県産に競合品がないことや、馬とマッシュルームの持つストーリー性が評価された。中国産の安い水煮とは違う、国産の生鮮市場の拡大も追い風になった。現在は県内を中心に関東、関西など数百店舗のスーパーに並ぶほか、高級レストランやホテルのメニューにも取り入れられている。

「自分たちはサプライチェーンの先頭。安定供給できれば、馬の面倒もしっかりみられるようになる」

2018年に協力協定を結んだ芳源《よしもと》マッシュルーム（千葉県）の存在が、技術面の支えになった。2019年秋までは同社幹部が毎月のように八幡平市を訪れ、培地の上に敷く黒土の管理法など細かな生産指導をしてくれた。

「収穫サイクルが上がり収量は2、3割増。坪当たりの収量はほぼ目標値にきた」。年間生産量は国内最大級の芳源の約3千トンに遠く及ばないが、2019年度は過去最高の69トンを記録した。

芳源との関係で〝理想〟の生産態勢にも踏み出した。2020年3月から八幡平市で飼う馬の馬厩肥を芳源に運び、培地化後に八幡平市に戻して利用。自前の馬厩肥でマッシュルームを作る資源循環のシステムを具現化した。

2019年度は初めて経営が黒字に。新型コロナウイルス感染症の影響を受けながらスーパーの販売増などで今期も増収増益を見込む。

創業して間もなく丸6年になる。「事業として、めどが立ってきた」。顔ににじむ安堵《あんど》が短くとも多難なこれまでの歩みを語る。

子どもの頃は競馬の騎手に憧れていた。

愛馬との出合い

船橋慶延さんは大阪市北区にある昭和20年代創業のお好み焼き店の一人息子。馬や農業には縁もゆかりもなかった。

小学4、5年の頃、大阪府内の乗馬クラブに短期で通ったことがあった。これより早くから難波・新歌舞伎座で子ども歌舞伎に打ち込んでいた。海外公演もある本格的な習い事だった。落馬してけがでもしたら舞台に出られないと諭され、乗馬は続けられなかった。

中学生の時、祖父の影響で競馬に興味を持った。競馬の雑誌を毎週買い、テレビ中継は全てビデオに録画した。

中2の夏休み。一人で1週間ほど北海道を旅行した。サラブレッドが見たかった。馬産地の日高地方などを巡り歩いた。

「(牡馬クラシック三冠馬の)ナリタブライアンもいた。紙に牧場名を書いてヒッチハイクし、馬運車にも乗せてもらった。思えば無鉄砲。母親はよく許した」。旅費は今も忘れない重賞レースの万馬券で賄った。「(馬券は) なぜか買えた…」と語る。

競馬の騎手が目標になった。北海道から帰ると、子ども歌舞伎の稽古の傍ら、大阪府内の会員制の乗馬クラブに通い始めた。

中学を卒業したら騎手養成の競馬学校に入校しようと募集要項も取り寄せた。決意は固かったが、そもそも無理だった。中学生で180センチ以上あり、身長制限で〝国内〟は諦めざるを得なかった。

「日本が駄目なら海外の競馬学

大学1年の2001年7月、グレイトカブキと共に山梨県で開かれた全日本ジュニア障害飛越選手権に出場する船橋慶延さん（船橋さん提供）

校へ」。海外留学プログラムのある高校を探し、2年時にオーストラリア・パースに10カ月間、語学留学した。現地ではホストファミリーの紹介で登校前の早朝、ホームステイ先からスケートボードで片道1時間の道を競馬場まで通い、馬にまたがった。

海外で異なる環境に触れると、馬術競技への関心が強まった。高3からは週末、大阪から栃木県那須塩原市にある乗馬クラブ那須トレーニングファームに夜行電車で通い、レッスンを受けるようになった。

那須トレでは当時、2000年シドニー五輪代表の広田龍馬《りゅうま》さんが、五輪を目指して練習に励んでいた。〝2008年大阪五輪〟の誘致運動が展開されていた。「頑張れば自分も出られるんじゃないか」。モチベーションは高かった。

馬術は人馬の呼吸が結果を大きく左右する。1頭の馬を勧められた。「グレイトウォール」。中央競馬の障害重賞を走ったこともある元競走馬だった。両親が50万円ずつ出して購入してくれた。

子どもの頃は生活の中心は歌舞伎だった。新しい馬名を「偉大歌舞伎」、読み仮名は「グレイトカブキ」にした。かけがえのない愛馬との出合いだった。
船橋さんは家族、グレイトカブキと一緒に全国各地を渡り歩いてきた。

馬術にのめり込む

「躍動感と馬とのコミュニケーションが魅力。馬に乗って障害を跳ぶことが単純に面白い」

船橋慶延さんは高校3年から馬術にのめり込んだ。地元関西の大学に進んだが、アルバイト代は那須トレでの練習につぎ込んだ。1年生で愛馬グレイトカブキと、障害飛越の全日本ジュニア選手権初出場をかなえた。

親に経済的な負担をかけ続けていた。ついには母の洋子《ようこ》さん（68）から「馬はいいかげんやめてほしい」と懇願された。

そんなとき大阪府内で馬の飼育調教コースを新設したという専門学校から、入学を条件に活動を支援する誘いを受けた。願ったりかなったりだった。大学を1年で退学し、カブキも大阪に移して練習に励んだ。

専門学校最後の3年目にはインターンシップ（就業体験）を兼ねて再び那須トレに入り浸りになった。当然就職しようと考えていたが、採否はノー。「騎乗のバランスや馬への当たりなど、総合的に見て自分よりうまく乗れる人たちがたくさんいた」

馬に関わることにしか興味がなかった。その後は大阪、八幡平市、那須トレ、北海道と転々とした。

馬運車の運転技術を身に付けようと、大阪では大型免許を取って運送会社で働いた。北海道では競りにかかる前や競馬デビュー前の若駒の育成・調教を経験した。

妻の友紀恵さん（39）とは学生のとき那須トレで出会い、大阪時代に結婚。船橋さんと常に行動を共にしてきた友紀恵さんは「1年ごとに引っ越すようで、いつになれば落ち着くのかという感じだった」と回想する。そして、続けた。

「主人がいつも考えていたのはカブキと一緒にいながら仕事をすること。主人にとってカブキは『世界の中心』だったと思う」。前に大阪から八幡平市に移ったときも、脚を故障したカブキを療養させるのが目的だった。

船橋さんはずっとカブキを身近に置いてきた。2012年3月、八幡平市に再移住したとき、カブキは既に競技から引退。「余生をゆっくり送らせたかった」

北海道から八幡平市に移住し、グレイトカブキを引く船橋慶延さん。かけがえのない「パートナー」だった＝2012年（船橋さん提供）

しかし同じ年の冬、カブキは激しい腹痛で、突然この世を去った。22歳だった。「仕事が忙しく、カブキの状態を何となく見落としていた。30歳ぐらいまでは生きると思っていた。自分はいったい何をやっているんだ、馬はもうやめようとさえ思い詰めた」

唯一無二のパートナーを失い、周囲には「抜け殻」（友紀恵さん）と映った。

世話を待つ馬はカブキだけではなかった。「ゆっくりと悲しみに浸る時間はなかった」。生きている馬たちと日々向き合うことで、前に進むしかなかった。

「マッシュルーム堆肥」。堆肥製造は八幡平地熱活用プロジェクトのもう一つの柱だ。

震災を機に岩手へ

船橋慶延《よしのぶ》さんが2012年3月に北海道から引っ越し、就職した八幡平市平笠のクラリー牧場。牧場を妻と経営していたクラレンス・ジョージ・リドゥリーさんはオーストラリアの元馬術選手で、船橋さんとは高校時代から大会などを通じて意気投合していた。東日本大震災後、馬の預託者も乗馬を楽しむ人も減り、牧場閉鎖を口にするリドゥリーさんに船橋さんは「もったいない。自分が手伝います」と元気づけた。グレイトカブキの余生とリドゥリーさんの支援—。船橋さんにはもう一つ、八幡平市移住の理由があった。

震災が起きたとき、北海道日高町にある競走馬の育成牧場で働いていた。娘2人を預けていた保育所は海に近かった。急いで迎えに行った。最後まで残っていたのが2人だった。

「馬の仕事は朝が早く、子どもとあまり一緒にいられなかった。こういうのは良くない、ライフスタイルを変えたいと思った。震災がなければ、岩手には来なかったかもしれない」

カブキは既に、この世にいない。クラリー牧場はなく、リドゥリーさんも帰国したが、船橋さんは八幡平市でマッシュルーム事業を立ち上げ、家族4人で暮らし続けている。震災は紛れもなく人生の転機だった。

牧場の立て直しを期待された船橋さん。当初、事業の柱と考えていたのはマッシュルームではなく、馬房の敷料を堆肥化した「馬ふん堆肥」の製造だった。

マッシュルームを収穫した後の培地から製造した堆肥。温度計を差すと発酵熱で70～80度を指した＝八幡平市松尾寄木・堆肥舎

牧場では以前から堆肥が作られていた。船橋さんは農家などの評判の高さに可能性を感じた。市内の企業に成分分析を依頼し、品質への信頼を高めた。法律に基づく販売の届け出を行い、パッケージも新調して商品の体裁を整えた。

「馬は牛などと違い、反すうをしない動物。ふんがすごく繊維質で、通気性がいい。よく発酵し、有用な菌が増えやすい」。船橋さんは馬の優位性に太鼓判を押す。

堆肥は2013年、東京のNPO法人「銀座ミツバチプロジェクト」に購入され、銀座のビルの屋上緑化に利用された。今もビル内のカフェのメニューに、八幡平のマッシュルームが使われるなど交流が続いている。

堆肥は熟成に半年程度かかる。雇用効果やニーズも限られ、船橋さんは途中から事業のメインをマッシュルームに切り替えた。

現在は馬の敷料でなく、マッシュルームを収穫した後の培地を発酵させた「マッシュルーム堆肥」として製造を継続。1年の売り上げはマッシュルーム7千万円に対し300万円ほどだが、資源循環の大切な実践であることに変わりはない。

苦闘を重ね、ようやく軌道に乗り始めたマッシュルーム事業。船橋さんには将来の大きな目標がある。

新規投資に踏み切る

「(マッシュルームが育つ)培地が入ってこない、うまく育たない、人手が多い…。大出血を垂れ流していた」

船橋慶延さんは2018年度まで毎年1千万円を超える赤字経営を続けた。培地は山形県の会社から購入できなくなり欧州からの輸入に切り替えたが、海外との取引は思うに任せなかった。

「数が違っていたり、期日通りに届かなかったり。コンテナの港の係留費用も高く、本当に大変だった」

生産量をなかなか伸ばせない中でも、従業員は今と同程度いた。補助金事業は早期に事業をやめると、お金の返還を迫られる。踏ん張るしかなかった。

19年度に76万円とわずかながら黒字に転換。国内大手メーカーの技術協力やマッシュルーム商社を通じた資材調達の安定、地道な販路開拓が実を結んだ。

ただ、船橋さんの妻友紀恵さんが「ものすごく働かないと収支がとんとんにならない」とこぼす

新設した馬場で馬にまたがる船橋慶延さん。「馬がいるマッシュルーム農場」の国内、世界への展開を思い描く＝八幡平市松尾寄木

ように、船橋さん夫婦を中心とした、ぎりぎりの経営であることに変わりはない。事実、馬厩肥《ばきゅうひ》の培地化は船橋さん自身が毎週、大型トラックで片道約9時間かけて千葉県に運ぶことで成り立っている。

船橋さんは2020年、新規の投資に踏み切った。多額の借金も抱え、追加の借り入れは容易でない。普通なら現状維持で手いっぱい。攻めに出られるのは、マッシュルームのこれからの可能性を確信するからだ。

「生産技術が確立されているし、産業としてアップトレンド（上昇基調）。何より自分たちには（馬厩肥を通じてマッシュルームを生む）馬たちがいる」

日本中央競馬会（JRA）の補助金を使い、引退した競走馬を乗馬用に再訓練するための馬場を新設した。さらに2020年度内に、10頭分の馬房の増設やウオーキングマシンの導入を計画している。

「馬を預けたいという問い合わせが多い。今年は馬の環境整備と受け入れ頭数の拡大を図り、来年はマッシュルームハウスを増やして生産量を上げる。デジタル技術のブロックチェーンを活用し、マッシュルームが馬由来の食べ物であることを消費者に伝える活動も進めたい。事業基盤を安定させ、経営に余力を生むことで人材を育てたい」

周囲には猪突猛進タイプと評される。事務所はお世辞にも立派と言えず、敷地は未舗装のまま。それでも将来像を問うと船橋さんはすらすらと、こう返す。

「2025年から30年には自分たちで培地を安定生産し、50年までには国内に拠点を5カ所ぐらい設ける。商品開発も含め売上高を50億円規模に伸ばして上場できれば、結果的に一つの馬の産業が誕生する。世界に馬は約6千万頭。海外でも展開できるし、絶対に必要になる」

思い描くプランは明快で壮大。視界には馬と人との新しい共生の理想形が、はっきりと見えている。

【企業組合八幡平地熱活用プロジェクト】２０１４年9月に7個人1法人で設立し、２０１５年1月からマッシュルーム生産を開始。プロジェクトの一員で、八幡平市内で温泉施設を経営するハラショー（甲斐勇社長）が資源エネルギー庁の地熱開発に関する補助金を導入し温泉熱を冬場の室温維持などに活用するマッシュルームハウス４棟や堆肥舎２棟を整備。実際の施設運営は理事長の船橋慶延さんが中心。マッシュルームの生産量は２０１９年度69トン。販路は全国のスーパーやホテル、飲食店など。馬21頭を飼養。従業員はパート含め21人。２０２０年3月期の売上高は堆肥など含め７５００万円。

経営にとって大切なのは、
山あり谷ありの谷を深くしないこと

浜川幸雄さん／浜幸水産（釜石市）

釜石市浜町の浜幸水産《はまこう》は全国屈指の遠洋マグロ漁船10隻を運航する水産会社。2代目の浜川幸雄《ゆきお》さん（75）は国内外の景気や漁業をめぐる環境が変転する中、北洋サケ・マス漁から遠洋マグロ漁への転換を推進。船数の拡大や漁場の分散化を図り、今日の強固な経営基盤を築いた。漁船漁業会社としての発展に専心し、半世紀にわたって世界の海を舞台に経営のかじ取りをしてきた浜川さん。歩みと決断を見つめる。

【2020年10月8〜12日掲載】

サケ・マスからマグロへ

1985年9月に新造した遠洋マグロはえ縄船第56欣栄《きんえい》丸（288トン）。浜幸水産の会長浜川幸雄さんが「北洋サケ・マスから遠洋マグロへの転換点になった」と語る思い出の船だ。

戦後、アリューシャン列島近海やオホーツク海を漁場とするサケ・マス漁で成長した同社。第56欣栄丸も初めは100トン未満のサケ・マス船として建造する計画だった。

北洋サケ・マス漁は、このとき既に先細りが顕在化していた。新聞は200カイリ規制水域で操業する際に支払う協力金や漁獲枠の交渉でソ連側に譲歩を重ねる日本の苦しい立場と、漁民の不安を報じていた。

浜川さんは「まだ大丈夫」と考えていた。根っこに北洋サケ・マスはもうかるという成功体験があった。新潟県の造船会社とサケ・マス船の建造を契約した。

〝北洋の終焉《しゅうえん》〟を取引先が耳打ちしてくれた。出張先で大手水産会社のサケ・マス船の船団長と会い、船の新造計画を伝えると、返ってきたのは「サケ・マスに将来はない。やめた方がいい」。別の船団長や水産会社幹部も異口同音だった。

にわかに危機感が高まった。釜石に戻り、父で社長の幸松《こうまつ》さんに急いで状況を伝えた。幸松さんの指示は「計画続行」だった。

戦後初となった52年の北洋サケ・マス漁に県内から唯一船を出した幸松さん。明治生まれの一漁師から、たたき上げで東北最大級の漁船漁業会社を築いていた。

俺は水産に日本一詳しいんだ。黙っていろ。

約7カ月間の航海を終えて気仙沼漁港に入る浜幸水産の第158欣栄丸＝2020年9月10日、気仙沼市

多忙な幸松さんに代わり専務として会社を実質的に切り盛りしていた浜川さん。サケ・マス船でいいという取り付く島もない態度に口論となったが、最終決定権は幸松さんが握っていた。引かざるを得なかった。

しかし翌朝、浜川さんは幸松さんに呼ばれ、こう相談を受けた。マグロ船に変更できないか——。思い掛けない父の翻意だった。

「サケ・マス漁の漁期は5月から7月。うちは漁期以外の裏作としてマグロ漁をしていた。マグロの専用船も持っていた。おやじは他の意見を聞く耳と、先見の明があった。漁船漁業で生き残るため、マグロ船に考えを変えたんだと思う」

同社は以後、サケ・マス船を一切造らなかった。平成に入ると早々にサケ・マス漁から撤退した。

浜川さんが好きな言葉は「勇気ある決断」。父が教えてくれた。北洋という限られた漁場を飛び出し、世界の海で勝負できる遠洋マグロ漁を推し進めた。

浜川さんの経営は「積極的な投資」と「リスクの分散」に象徴できる。

「投資は海へ」貫く

9月上旬の気仙沼漁港。浜幸水産所属の遠洋マグロはえ縄船第158欣栄丸（439トン、佐々木春男漁労長、乗組員24人）が約7カ月の航海を終え、岸壁に接岸した。オーストラリア・シドニー沖で取ったミナミマグロなど計300トン余を静岡・焼津港に水揚げ後、乗組員の休暇と2カ月後の出航準備のため気仙沼まで戻ってきた。

佐々木漁労長（48）＝気仙沼市＝は「新型コロナウイルスで海外に上陸ができないなどの影響はあったが、漁自体は順調だった。自然相手の仕事なので、常に考えるのは『ご安航』」と久々の地元で笑顔を見せた。

幸栄漁業を合わせた浜幸水産グループが保有する遠洋マグロ船は計10隻。国内最大のマグロ船団が生まれた背景には、浜川幸雄さんが貫いてきた「投資は海へ」という経営方針があった。

遠洋マグロ漁を営むには国が発行する操業許可が必要になる。浜幸水産が北洋サケ・マスから遠洋マグロ漁への転換を加速したのは、マグロの価格が高騰していたバブル景気の時期に重なる。操業許可は「漁権」として専門業者の仲介により高額で売買されていた。

「マグロ船1トンの漁権が100万円以上で300トンの船なら漁権購入費は3億円。さらに船の建造に1隻4億～5億円。サケ・マスの減船補償金に金融機関の融資などを加え、1年に約10億円ずつをマグロ船につぎ込んだ」

サケ・マスで潤ってきた地元の漁業者は他にもいた。しかし加工など別事業に手を出し、結果的に漁

静岡・焼津港に水揚げされたマグロ。船内でマイナス60度以下で瞬間凍結され、日本に運ばれる（浜幸水産提供）

業をやめた人は少なくなかった。

浜川さんは語気を上げる。「うちは本業の漁船漁業の充実を考えた。漁権は『欲しい時が(適切な)相場』。高くても他に買われるよりはいい。持っていれば夢と希望が湧いてくる」

第56欣栄丸を新造した1985年以降、バブル期に7年連続で計8隻のマグロ専用船を取得した。平成初めの1989年にはマグロ船だけで10隻を超えていた。

遠洋マグロ漁は操業が1年を超えることも多く、水揚げ回数が限られる。「水揚げが月1回ほどあれば資金が回る。だから船を増やすことにこだわった」。計算ずくの積極投資だった。

浜川さんが船数の増加以上に「大成功だった」と胸を張るのが漁場の分散。浜幸水産グループのマグロ船は太平洋、大西洋、インド洋のさまざまな漁場に分かれて高級なクロマグロ、ミナミマグロのほかメバチ、キハダ、ビンナガなど幅広いマグロを取っている。「特定の漁場がいつも好調とは限らない。高いマグロを狙って〝ゆでガエル〟のように1カ所に固執して失敗し、船を減らした船主もいた」。漁場の分散はリスク対策になる。

豊富な船数が戦略を可能にした。

国内の遠洋マグロはえ縄船は資源減による2度の国際協調減船やマグロ価格の低迷に伴う廃業などから、1985年の約730隻が現在は約170隻に減っている。一方、グループの船数には目立った増減がない。

長年、浜幸水産のマグロを専門商社に仲介し、浜川さんを「大恩人」と語る上原明さん（84）＝神奈川県平塚市、第一水産（東京都）元社員＝は「浜川さんは時代の流れに敏感で決断力があった。値段も一度決めたら後からあれこれ言わない。マグロ船を増やせたのは、あくまで一介の漁師の立場を貫いたことも大きいだろう」とみる。

「わが道を歩み、（要請に基づく）減船はしなかった。経営にとって大切なのは山あり谷ありの谷を深くしないこと。安定経営してこそ社会に貢献できる」

この道に入り半世紀が過ぎた。マグロ漁は過酷な仕事の代名詞に挙げられる。正反対の〝なぎ〟と自己評価する経営者人生を、浜川さんは誇る。

学校を卒業し、即家業へ。ゼロから漁業を学んだ。

「おか」の責任者として

浜川幸雄さんは、早くに娘を亡くして子どものなかった幸松《こうまつ》さん、ゆ里《り》えさん夫妻の養子として浜川家に入った。17歳だった。跡継ぎになることは決まっていた。

中央大経済学部を卒業後、都内の簿記の専門学校に進学した。経理の基礎を1年間学び、釜石に戻って浜幸水産へ。1968年3月のことだった。

「大学時代はジャン荘通い。おやじは勉強しろじゃなく、どこでもいいから大学に行って卒業証書をもらってこいと話していた。自分の学歴が低いことを引け目に感じていたのかもしれない」

簿記学校に通ったのも幸松さんの助言から。業界団体などで多数の役職に就いていた体験を基に、経営者は決算書類を理解できないと務められないという考えが込められていた。

入社と同時に専務に就いた。当時主力の北洋サケ・マス漁が「大漁で景気が最高に良い時代」だった。

幸松さんの足跡を記録した「濱幸一代記」は、浜川さんの入社前年（1967年）の会社の状況を次のように記している。

「（サケ・マス船6隻を含む）漁船隻数9隻、総トン数1112トン、漁船員195人は県内、東北地方では最も多い」「今漁期は（サケ・マス漁の漁獲が）2億3千万円に達する公算が強い」

'88 追跡いわて ◇5◇

漂流の外国船員救助

海の男の勇気に感動

五人の生還に学ぶ

浜幸水産所属の遠洋マグロ船が漂流外国船を救助したニュースを伝える1988年12月20日付の本紙。浜川幸雄さん（紙面写真左）は専務として実務を切り盛りしていた

浜川さんは釜石で生まれ育った。海は身近な存在だったが、本人に漁業の経験はなかった。

「入社当時は何も分からない若造。おやじは船に乗れとは言わなかった。自分は乗りたいとも思ったが、船酔いがひどかった。恥ずかしながら今もだ」。苦笑いで打ち明けた。

「おか（陸上）の責任者」を任された。業務は総務、経理から漁場の選別、漁具の準備、漁労長の人選など社業全般に及んだ。「船とおやじをつなぐ『連絡係』の役目から始まり仕事を通して見て学び、さまざまな知識を身に付けた」

北洋サケ・マスの活況は入社から10年ほど続いた。その後は国際的な漁獲規制強化を受け、遠洋マグロ漁への切り替えを進めた。

年齢とともに体が弱り、船の新造などに消極的になっていった幸松さんに対し、浜川さんは強気の投資を続けた。幸松さんが1991年2月に亡くなると、母のゆ里えさんは「おまえに経営ができるか」と心配した。

浜川さんは意に介さなかった。入社して以来、20隻以上の船の建造に関わっていた。

常に水揚げに立ち会い、値段の交渉やトラブル対応など商売のイロハを体にたたき込んでいた。

「例えば船1隻には1500〜2千のメーカーが関わる。船のどこに何がどう配置されているか構造は全部頭に入っている。その辺は漁労長よりも詳しいはず」。〝漁業のプロ〟として、さらりと話した。

遠洋マグロ漁の懸案の一つに乗組員の確保がある。船内環境の改善や留守を預かる家族への情報提供に気を配ってきた。

月1回の「ふれあい便り」

国内の遠洋漁業は、世界経済の好不況や強まる漁業規制に振り回されながら衰退の道をたどってきた。影響は浜幸水産でも例外ではなかった。

昭和の2度のオイルショックは燃油や漁具の高騰を招いた。バブル景気の崩壊は魚価の低下に直結。外国からの輸入マグロの急増も価格を押し下げた。

浜川幸雄さんは一定の打撃を認めた上で、こう話す。

「景気が悪くなれば船を新しく造りたいという会社が減り、建造費は安くて済む。（1973年の）第1次オイルショックの時は〝逆転の発想〟でサケ・マス船などを増やしていった」

妻の糸子さん（71）は夫について「結論が早過ぎると思うときはあるけれど、漁業家としての欠点はありません」と言い切る。明るく、前向き、愚痴をこぼさす、感謝の気持ちで―。浜川さんは信条を難局に挑む力にしてきた。

思うに任せないことがなかったわけではない。遠洋マグロ船の乗組員の不足と高齢化。特に機関長ら航海に必須の海技士資格を持つ日本人の確保は、業界全体の懸案となってきた。

遠洋マグロ漁は一般に1年など長期間に渡り、二十数人の乗組員が船内で共同生活を送る。餌を付けた縄の海上への設置に5～6時間、縄を引き揚げる作業には13～14時間かかる。

交代制の縄の設置日に当たれば、1日の睡眠時間は数時間しかない。連日連夜の操業もざら。荒海で人力に頼る作業も多い。人手不足には魚価の下落で

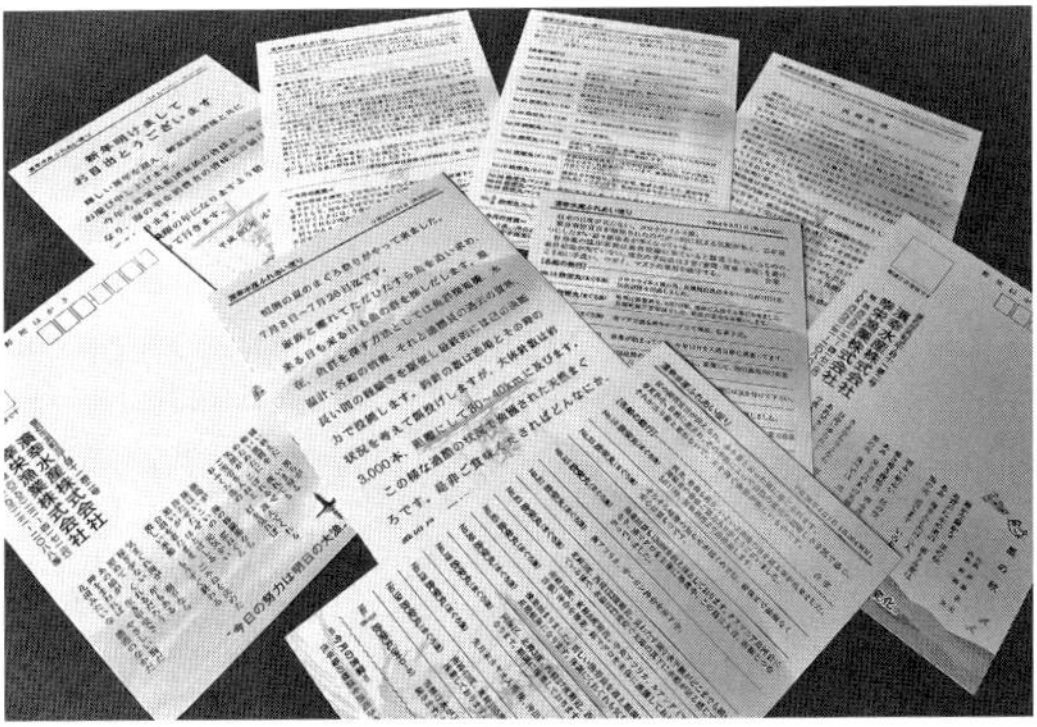

浜川幸雄さんが乗組員家族への情報提供のため、34年余にわたって発行を続ける「ふれあい便り」

以前より稼げなくなったという事情もある。

日本人乗組員の慢性的な不足から、外国人の乗船が認められて久しい。9月に日本に帰港した第158欣栄丸（佐々木春男漁労長）も乗組員24人中、インドネシア人が17人を占めた。

浜川さんは乗組員の居住環境を重視してきた。「他の船に先駆けて日本人の部屋は個室にした。テレビも置くようにした。居住空間を広げると魚を積むスペースは狭くなるが、居住性の高い方が結果的に病気やけがをしにくい。会社のアピールにもなる」

人を大切にしたいという考えは、乗組員の家族宛てに月1回郵送する「ふれあい便り」でも実践してきた。

「南アフリカ、ガーボン沖合を南下中」「北緯3度、西経123度付近。見渡す限りどこまでも水平線。（中略）太陽の真下に本船が居る感じです」

便りには全船の操業状況をはじめ、今月の歌、浜川さんが本から引用した先人訓などを掲載。子どもたちが乗組員に宛てた作文を紹介したこともある。

「昔は会社と家族のやりとりが、月1回の家庭送金のときだけだった。せめて船の様子を知らせたいと思い、最低10年は続けるつもりで始めた」。２０２０年10月で３５５号。振り返ると、発行から34年余がたっていた。

浜幸水産の礎は浜川さんの父で創業者の幸松さん。浜川さんは「おやじの功績」を繰り返す。

父が築いた土台

「仕事の道を教えてくれた。ぶつかるときもあったが、おやじ以上の恩人はいない」。会社中庭に立つ父幸松さんの胸像を見つめ、浜川幸雄さんがしみじみと言った。

戦後「沿岸から沖合へ、沖合から遠洋へ」というスローガンの下に発展した日本の遠洋漁業。幸松さんは時代の波に乗り、大成した漁業家の一人だった。

本県の北洋サケ・マス漁の先駆者。幸松さんは戦後初の北洋サケ・マス漁に県内から唯一船を出した功績から、そう称された。

浜川さんは「おやじは明治生まれで、三陸沖の沖合底引き網漁の船頭だった。サケ・マスは戦後に手を出し、持っていた〝小銭〟で買いあさるように船を増やしていった」と説明する。

幸松さんはサケ・マス漁に力を注ぐ傍ら、1963年には当時県内で最大級（299トン）のマグロ専用船を建造。マグロ漁は漁期外のサケ・マス船も使って手掛け、その経験は昭和の終わり以降の北洋サケ・マス漁から遠洋マグロ漁へのスムーズな移行につながった。

幸松さんが生前、仕事仲間に語ったという言葉がある。「皆あんなに（別の事に）使う金があったら、その金を船につぎ込めば、なんぼうか良いのになー」（「濱幸一代記」より）。

浜川さんの貪欲な投資意欲は全くの父親譲りだ。

父子には違いもある。１９９１年に81歳で亡くなった幸松さん。釜石市漁連会長や県北洋組合長など43もの要職を務めた本県漁業界の有力者だった。

幸松さんに比べ、息子の浜川さんの存在は地味に映る。役職は多くなく、国内最大の遠洋マグロ船団を率いる現実とのギャップも感じられる。

対外的な活動から極力距離を置いて事業に専念する浜川さんに対し、業界内には批判的な人もいたと言われる。

ただ浜川さんは「業界団体のことに力を入れようとすれば本業の方がおかしくなる。役職には興味がない」と話す。「漁船漁業の継承」という幸松さんからのバトンを守ることを、常に最優先に考えてきた。

倹約家で社会奉仕活動に「どちらかと言うと無頓着だった」（浜川さん）という幸松さんに対し、浜川さんは「売り手によし、買い手によし、世間によしの『三方よし』」をモットーにしてきた。

最近は地域に防犯灯を寄贈したり、市内の尾崎半島にある神社施設の再建費用を負担した。「天然マグロのおいしさを地域の人たちに知ってほしい」との願いを込めた「まぐろ祭り」も市民に定着している。

「海からの恩恵で生活できている。全ては海への感謝の気持ちから。それもおやじが築いた土台があってこそ」。浜川さんは自分を「(控えめな)月見草」に例える。名より実を重んじる生き方が伝わってくる。

長男の幸三さん(45)は元遠洋マグロ船の乗組員。浜川さんは2019年夏、その息子に社長職を引き継いだ。

鈴木善幸元首相(中央)の首相就任祝賀会で一緒に記念撮影する浜川幸松さん(左から2人目)。本県漁業界の有力者として数多くの要職を務めた(「濱幸一代記」より)

漁船漁業を次代へ

浜川幸雄さんは会社員をしていた長男幸三さんを家業に戻すとすぐ、遠洋マグロ船に乗船させた。「幸三の三は3代目の『三』。跡を継ぐなら漁の現場を体験しておいた方がいいと考えた」

幸三さんに後継者の自覚はあまりなかった。「マグロの取り方も知らず、1航海で1千万円ぐらい稼げると聞いて軽い気持ちで乗った」。現実は想像を絶していた。休みもプライバシーもないようなマグロ漁の過酷さから早々に浜川さんに泣きを入れた。

幸三さんの下船希望を、浜川さんは頑として許さなかった。「他の乗組員にできて息子にできないわけがない。跡取りがこのぐらいの試練で船を下りては、われわれの漁業は成り立たない」

幸三さんは結局、20代前半の丸2年間、南半球でミナミマグロを追い掛けた。「あの経験が自分の原点。船に乗る人たちのおかげで生活できていることがよく分かった。収入は最初の話と違っていたけれど…」。下船後は漁業経営を一から学び、4年ほどで専務に。会社では義兄の沼田正達さん（51）、実弟の真三士さん（39）らとも力を合わせてきた。

幸三さんは入社以来、感じてきたことがあった。「会長（浜川さん）はバブル景気などいい時代を経験しているが、自分たちは乗組員の不足と高齢化、魚価が上がらない、船の老朽化など、もっぱらつらい時代しか知らない」

比較的おうような経営の浜川さんに対し、幸三さんはよりシビアな判断を自分に課してきた。漁獲を決する漁労長の人選についても「プロ野球の選手と一緒。ヘッドハンティングもあれば、1航海での戦力外通告もある」と妥協はしない。

浜幸水産は遠洋マグロ漁を主力に据えながら、創業者の幸松さんが始めた沖合底引き網漁を守り続けてきた。沖底漁は漁獲金額こそ全体の約8分の1にすぎないが、水揚げが毎日あるため〝日銭〟を得られる大事な漁業。さらに5年前には約30年ぶりとなるサンマ棒受け網漁を再開した。

サンマ船は現在3隻が稼働。近年の極度の不漁にかかわらず来夏にもう1隻新造する。浜川さんは「サンマ漁によって遠洋漁業と近海漁業のバランスが良くなれば経営が安定する。不漁は見通しが甘かったが、いつまでも続くわけではないだろう」と深刻さはない。

2019年7月、浜川さんは幸三さんに社長を引き継いだ。マグロの通販事業を始めるなど「総合的な水産会社」を志向する幸三さんに対し、浜川さんは「うちは漁船漁業が本筋。そこは絶対におろそかにしてはいけない」と念を押す。

会長に退いたのは年齢を考えた判断だったが、体は健康そのもの。早くに酒もたばこもやめ、最高で

社長を引き継いだ長男幸三さんと会社の将来を語る浜川幸雄さん（左）。漁船漁業会社として永続的な発展を願う＝釜石市魚河岸

ハンディ4まで記録したゴルフは今も現役だ。
グループは2021年、市内に新社屋を建設する。「よろこび（欣）、さかえる（栄）」漁船漁業を次代にしっかりと引き継ぐことが浜川さんの使命。規制下での安定した漁獲、人材の育成、そしてコロナ危機の克服―。お役御免はまだ先になる。

【浜幸水産】1933（昭和8）年に浜川幸雄会長の父幸松氏＝故人＝が釜石市で個人事業の浜川漁業部として創業。1957年に株式会社化し、現社名となった。1989年にグループ会社幸栄漁業を設立。遠洋マグロはえ縄漁を主体にサンマ棒受け網漁、沖合底引き網漁を行う。所有船はマグロはえ縄船10隻を含む計15隻で船名は「欣栄《きんえい》丸」。2020年4月期の漁獲高は浜幸、幸栄2社で計41億2千万円。販売事業を含む同期の売上高は計43億円。従業員は外国人船員を含め計319人。

震災後はあらゆる活動がまちづくりで、地域おこし

間瀬慶蔵さん／尾半ホールディングス（山田町）

山田町でスーパーマーケット、ガソリンスタンド、水産加工センターなどを経営する尾半《びはん》グループ。持ち株会社尾半ホールディングス（ＨＤ）の専務間瀬《ませ》慶蔵さん（42）は東日本大震災後、父で社長の半蔵さん（72）に代わり、スーパーの早期再建を果たすなど実質的にグループ経営をかじ取りしてきた。災禍に傷ついた古里の復興を願い、果敢に商品開発や多角化にチャレンジ。商工会活動など地域おこしにもリーダーシップを発揮する。旺盛なチャレンジ精神と深い郷土愛を胸に、企業人として走り続ける間瀬さん。歩みと決断を見つめる。

【２０２０年11月30〜12月４日掲載】

「地域のため」店舗移転

山田町の三陸鉄道陸中山田駅前にある「びはんストア　オール店」は2016年11月、復興に歩む町中心部の核店舗として営業を始めた。間瀬慶蔵さんは悩んだ末、震災から5カ月で再開した「プラザ店」を移転させた。

尾半グループにとって、スーパー創業の地にあったプラザ店。間瀬さんは震災後、独自の復興構想を温めていた。国道45号に面した同店を中心とする商業集積だった。

「町は津波と火災で先が全く見えない状況だった。被災した土地を町に買ってもらい、その土地を借りてプラザ店の周りに大型店や商店を集めようと考えていた」

プラザ店の再建準備と並行し、司法書士を通じて土地の登記簿を入手した。店や家を流された地権者を探し、自分のプランを伝え、土地活用の意向を聞いて回った。避難所を訪ねたり、電話をしたり。パソコンには100件に及ぶ当時の調査データが保存され、自前のまちづくり案を描いた住宅地図も手元に残る。

賛同する人はいたが、時間とともに町の復興策は思惑とは別の方向に進んだ。コンパクトシティーの考えの下、陸中山田駅周辺への商業集積が「まちなか再生計画」（2015年2月策定）として具体化していった。

「早くまちをつくりたいという思いで動いたが、浸水した国道沿いの区画整理事業が長期化し、実現はそもそも難しかった」

計画には被災事業者らが入る共同店舗棟の建設が盛り込まれ、集客の目玉とし

自社商品の「山田の醤油」のかぶり物を身に着けて笑顔を見せる間瀬慶蔵さん。「危機感と地域のにぎわいづくり」からオール店の開店を決めた＝山田町川向町・びはんオール店

てスーパーが位置づけられた。地場の老舗として出店を求められた。

震災前は直線でわずか500メートルの距離にプラザ店と駅前店があった。震災後は中心部での2店舗営業は頭になかった。共同店舗に出すならプラザ店の移転しかなかったが、同店は再開から数年しかたっておらず、新しかった。国道沿いでなくなる利便性の低下、他の店や公共施設の利用者も使う駐車場(約130台)の狭さも移転をちゅうちょさせた。「びはんストア」を共同経営するマイヤ（大船渡市）とも議論になった。

間瀬さんは当時、別のスーパーが情報収集をしているとか、新規出店のうわさを聞いていた。

危機感が募った。「自分が出さないと取って代わられる」。プラザ店の今後、将来のまちのにぎわいも考えた。共同店舗棟オールの名前には〝みんなで一緒にこぎ出す〟という思いがこもる。「地域のため」が最後に移転を選択させた。

間瀬さんは震災直後の混乱の中で、早々にプラザ店の再開を決意した。

スーパーの大切さ

間瀬慶蔵さんは2011年3月11日、山田町中央町の「びはんストア　プラザ店」の2階事務所で大地震に見舞われた。山田町の最大震度は5強だった。

店内放送で来店客に避難を呼び掛けた気がするが、記憶ははっきりしない。店に急ぐと客の姿は既になかった。店の脇にある海抜約10メートルの御蔵山《おぐらやま》に石垣からよじ登り、山田湾を見た。正面にあった高さ6・6メートルの防潮堤が、乗り越える津波で倒れた。黒い水が一気に町に流れ込んできた。

津波に襲われるプラザ店を見つめた。「『あーっ』という感覚だけだった」。廃虚と化した町で、幸いにも妻と子ども3人の無事を確認できた。

大規模な「津波火災」が起きた。夜、猛火を目の当たりにし、思いがけない感情が湧き上がった。「(町は) これからすごいことになる」。脳内が猛烈に活性化していくのを感じた。マイナス思考にはならなかった。

「今、何をすべきか」に頭を切り替えた。震災翌日、めちゃくちゃの店内から食べられる菓子やジュースを探し、集まった従業員と何カ所かの避難所に配って歩いた。震災5日目にはプラザ店前のテントで青空市を始め、程なく移動販売にも乗り出した。

3月末。青空市の営業後、従業員に解雇の方針を伝えた。対象者はグループで働く約100人全員。ガソリンスタンドや水産加工センターを含め経営していた町内の全ての事業所が被災した。どこも再開のめどが立たなかった。

「みんなお金が必要だった。退職金をもらって、

東日本大震災の津波で大量のがれきが押し寄せ、損壊したびはんのプラザ店＝2011年3月11日、山田町中央町（間瀬慶蔵さん提供）

失業手当も受給できる方がいいと考えた」。方針の説明に忘れず付け加えた。「必ずまた採用します」

解雇を伝えた翌日、変わらずに手伝いに来てくれた従業員の姿に「ほっとした」。ボランティアと知りながら人が少しずつ増えていった。4月下旬に始めた旧県立山田病院での営業でも力になってくれた。後に60人以上を再雇用し、ボランティアで働いた人には時間に応じた賞与を支給した。

震災後、父の半蔵さんは盛岡市内に避難していた。妻子も町を離れていた。間瀬さんは単身、避難所に寝泊まりし、日々の対応に没頭した。

プラザ店の再開は3月中に決意した。「多くの人が命を落とし、お盆には供養をしないといけない。うちも従業員を1人失った。住民の食生活を支え、冷蔵庫役を担うスーパーとして、早く元通りにしたい思いがあった。再開しないという考えはなかった」

約20年前にプラザ店を建てたときの町内の施工会社に柱や基礎の状態を調べてもらい、利用できるめどが立ったのは大きかった。資金繰りには半蔵さんが動いた。

間瀬さんはプラザ店の再開日を8月の盆前と定めた。建物の骨組みはそのままでも、事実上、新しい店を作る作業は多忙だった。避難所の消灯は夜9時と早く、仕事時間の確保のため朝は4時に起きた。

2011年8月7日、修復したプラザ店は営業を再開した。店舗前の国道45号は車で渋滞し、売り切れる商品も出た。多くの人たちが復活を待っていてくれた。

「マイヤ（大船渡市）から従業員の応援を仰いだが5人、10人単位で不足していた。無理やりの開店で、思えば良くやれた」。漁師町として初日の目玉は地元漁業者が取った新鮮なイカにした。すぐ近くに町内の被災事業者のための長屋を建て「スマイルガーデン」として同時オープンもした。

震災を経て間瀬さんは店を取り巻く変化に気づく。「極端に言えば『買ってやる』から『売ってくれてありがとう』に。町民がスーパーの大切さを分かってくれた」

グループの〝8代目〟

ショッピングセンター、レストラン、魚船具販売、衣料品店、ホテル―。1972年の岩手日報の広告は尾半グループの事業経営の勢いを伝える。

間瀬慶蔵さんは4人きょうだいの長男。グループの〝8代目〟として、幼い頃から「尾半の息子」を意識させられた。

子ども時代は宇宙飛行士に憧れた。夢は早晩諦めたが、宇宙や物理はずっと好きだった。宮古高から大学は近場で物理学科がある弘前大理学部に進んだ。

学生時代は勉強そこそこで、競技スキーに打ち込んだ。そこで思いがけず物を売る楽しさに目覚めた。

部活の活動費を捻出するため、有名な弘前城の桜祭りで使い捨てカメラの販売のアルバイトをした。「10日で100万円売れる世界。商品の見せ方やアピールの仕方で売り上げが変わる。昔は人前で話すのが苦手だったが、カメラを売っていて自分に向いている、面白いと思った」

親は家業を継げと言わなかったが、就職活動は流通業一本で臨んだ。まずは外から学ぼうと、業界大手のイオン（千葉市）の門をたたいた。「30歳で辞めて、実家のスーパーに戻ります」。入社試験で宣言し、実際に8年後に有言実行した。

イオンに入社する前の1カ月半、海外のスーパー事情を知ろうと自費で欧米を旅行した。就職活動の遅れから秋入社になった余裕時間を使った。オランダ、フ

尾半グループの多角的な事業経営を伝える1972年の岩手日報の広告

ランス、スペインなどを巡り、米国はニューヨークやシカゴに足を運んだ。

「現在の仕事に直接生かせてはいないが、売り場を見ると国ごとの食文化がよく分かった。見聞を広げられた」。内にこもらず、何ごとも広く貪欲に吸収する姿勢は今も変わらない。

イオンでは希望して、スーパー事業の主に鮮魚コーナーで働いた。長野県内を皮切りに5店舗を経験。手先が器用で魚のさばき方などの覚えが早く、社内の技術コンクールで入賞したこともあった。最後は紫波町の24時間営業の店で1年間、副店長を務めた。販売部門の責任者として激務と数字に向き合った。

イオン時代を振り返り、正直に認める。「何かをしたいというよりも、どれだけ多く〝盗んで〟自分の店に帰れるかを考えていた」

2008年6月に30歳で家業に入り、スーパーの副店長から始めた。イオン流の最新の業務方法を参考にしつつ、中小らしい小回りが利く経営に可能性を感じた。

郷土菓子「すっとぎ」を使った新しいスイーツの開発や三陸鉄道の客車を貸し切った

独自イベントを仕掛けた。自ら先頭に立ち、老舗に新風を吹き込んでいった。

企業としての付加価値をどう高めるか。間瀬さんはオリジナル商品の拡充をポイントに挙げる。

豊間根地区への恩返し

尾半ホールディングスは現在、専務の間瀬慶蔵さんが実質の経営を担い、父で社長の半蔵さんは一歩も二歩も引いた立場からサポート役に徹している。

半蔵さんは東日本大震災の際、山田町内で津波にのみ込まれた。「九死に一生を得た。店が全部被災して盛岡に避難した時、自分の経営は終わりという気持ちがした」と半蔵さんは言う。

震災から1年半ほど町を離れた父に代わり、間瀬さんはスーパーの早期再開のために孤軍奮闘。その後も「震災前の事業は再開する」という基本的な考えの下、着実に前進した。

2013年5月に2店舗目のスーパーとして開店した「びはんストア　豊間根《とよまね》店」は、震災で焼失した駅前店を移転させた。

豊間根地区は町北部の山間部にあり、決して集客力が高い所とは言いにくい。豊間根地区への出店は「防災」と「感謝」で表現できる。

町中心部にあった二つのスーパーが同時被災した教訓から「1店舗は津波が来ない場所にしたかっ

水産加工品やしょうゆ、菓子類など豊富な商品がそろう尾半グループのプライベートブランド商品

た。もしものときの営業拠点にできる」。経営者として、今後の災害に備えたリスク分散は当然だった。

感謝は、間瀬さんが震災の後で自社の従業員から聞いていた話から。避難所で豊間根の人たちが握ったおにぎりを食べていた—。津波被害のなかった同地区の協力で、多くの町民が食いつなげたことに恩返しがしたかった。

水産加工センターは2016年秋に新築した。塩辛や新巻きザケをメインにした加工品の製造は、半蔵さんが長く育ててきた。

「ブランドは『尾張屋《おわりや》半蔵』。社長は味にかなりうるさい分、確かにおいしい。今も時々、従業員に試作品の指示をしているようだ」。間瀬さんは父の商品開発への情熱を認める。

自ら作ることを志向する半蔵さんに対し、間瀬さんは「一からだと金も時間もかかる。山田の物を使い、製造は得意な所に任せた方がいい」と、より効率的なものづくりを目指す。

復興支援などのつながりを生かしてきた。千葉県の菓子製造販売業オランダ家の「オランダ島パイ」、広島県のオタフクソースのポン酢「レモぽん」など県内外の企業や農業生産者らと連携し、尾半のプライベートブランドとして販売。原材料に自社の代表商品「山田の醤油《しょうゆ》」や郷土菓子すっとぎを入れるなど、とことん「山田」にこだわる。

震災前にスーパーの経営は厳しさを増していた。状況を打開すべく震災後間もなく、同業のマイヤ（大船渡市）と設立した「びはん株式会社」による運営に移行した。社長は半蔵さんだが、2014年にマイヤの出資率が半分を超え、店舗運営の同化は進んでいる。

「コラボ商品は、他のスーパーとの差別化につながる。絶対に武器になる」。由緒ある尾半の看板を背負い、〝8代目〟は次のアイデアを練る。

やまだ夢プロジェクト、商工会青年部など地域おこしを大切にしてきた。

青年部でフル回転

復旧した漁業の作業場や加工場が海沿いに立ち並ぶ。車で走りながら間瀬慶蔵さんが唐突に言った。「山田って、すごくいい所でしょ」

流通大手を退社し2008年に山田町に戻った。「スーパーは地域に根ざした商売。早く地元のことを知りたいと思った」。町の商工会青年部に入会した。

集まって酒を飲んでばかりいる。東日本大震災の前、そう揶揄もされていた青年部のイメージを仲間たちとプラスに変えてきた。

夏の花火大会は、青年部が主催する1年で最も力を入れる行事。町内に重い自粛ムードが立ちこめた2011年も、「今だからこそ」と外部団体の支援を得て決行した。

遊び場を失った子どもたち向けのイベント、結婚を応援する街コンにも挑戦した。青年部長だった2016年は仮設商店などを会場にして6年ぶりに、はしご酒を復活。「再開した飲食店を盛り上げ、山田を目立たせたかった」

町おこしを目的とする住民有志の団体「やまだ夢プロジェクト」にも参加した。中止になったが、震災当日は実行委員長として、かき小屋で地ビールイベントを企画していた。活動は縮小しつつも、毎年3月11日に灯籠流しを実施。地ビールイベントも継続している。

地域活動は多くの利害関係者、住民を巻き込む。間瀬さんの積極性は時として強引、無謀と紙一重。批判にもさらされてきた。

青年部の先輩で元部長の阿部基《もとき》さん（44）＝同町船越＝は間瀬さんについて「普通じゃない。

山田町商工会青年部にとって花火大会は夏の一大イベント。震災の年も開催した＝2013年8月11日（間瀬慶蔵さん提供）

後先を考える前に『まずやってみよう、なんとかなる』という発想」と表現し「元気で楽しい町にするため一緒にやってきた。慶蔵君が同じ年代にいて良かった」と語る。

間瀬さん本人も「くぎは出る物。批判的な人がいても気にしない」とひょうひょうとしたもの。「青年部員が大幅に増えている。若い人たちに、まちづくりの中心になろうという意識が芽生えている」と手応えを感じる。

次の目標は町中心部に広く残る未利用地にキャンプ場を開設すること。「国道からキャンプファイアが見えたら最高だ」。ワクワクが言葉からあふれる。

〝山田愛〟は本業でも全開だ。2020年は他社から使用許可を受け、カキ(オイスター)のゆるキャラ「オイッスさん」の着ぐるみを制作。三陸鉄道の台風災害からの復旧イベントに駆け付けた。

「山田はかつて殻付きカキの出荷量が日本一だった。『山田の○○』でなく『○○と言えば山田』と呼ばれる、全国に通用する産品を育てたい。それならカキがいい」

「震災後はあらゆる活動がまちづくりで、地域おこし」。町のこれからを担うリーダーの一人として、存在感は増すばかりだ。

全国で新型コロナウイルスが猛威をふるう２０２０年、新たに飲食店とスポーツジムの経営に乗り出した。

ここに何が必要か

尾半グループは２０１４年、新たに設立した持ち株会社尾半ホールディングス（ＨＤ）の下、運営体制を再構築。スーパーマーケット事業は先行して２０１１年から同業のマイヤ（大船渡市）との共同経営になり、現在は同社の実質的な傘下にある。

間瀬慶蔵さんは「（共同経営は）心穏やかでなかった。最初は関係もぎくしゃくしたが、人事交流などを通じてだいぶ良くなってきた。利益率の改善は大きく、従業員も安心して働けている」と前向きに捉える。

間瀬さんは東日本大震災で被災した事業所をおおむね再開する一方、新規の事業を増やしてきた。

空き地が目立つ山田町中心部の国道45号周辺。国道と直角に交わる形で、尾半グループの3店舗が一直線に並ぶ。内陸から海側に向かって「びはんストア　オール店」「スポーツクラブ　アクトス」「ビハンバル」。グループの意欲的な事業展開を示す光景だ。

スポーツジムと、バル（飲食店）はともに2020年11月にオープンした。新型コロナウイルス感染症の深刻な影響が続く中、流行初期に感染リスクが指摘されたジム、全国の多くの店が売り上げ減に苦しむ飲食業をなぜ、このタイミングで始めたのか―。

間瀬さんは「開業はコロナ前から決めていて、やるなら今だった。コロナがなかったら、他の仕事が忙しくてできなかった」と迷いなく語る。

「ジムは町民の健康に役立つ。バルは尾半ブランドの新商品や山田湾で熟成させたスペイン産ワインなどを提供する場にしたい」

狙いは事業の多角化ではない。「地域に貢献するにはスーパーだけでは限界がある。住みよい町にするために、ここに何が必要かを考えている」。地域のため。判断する指針がぶれることはない。

「ハラハラするね」。父の半蔵さんは間瀬さんを応援しつつ、複雑な心境をつぶやく。

2020年6月に雫石町の宮田醤油店を買収した。尾半グループで一番の人気商品「山田の醤油」の製造元だ。「盛岡市内の飲食店などと、かなりの取引がある。小売りを強化すれば伸びる余地があると思った」。間瀬さんは買収に後ろ向きだった半蔵さんを押し切った。

半蔵さんは震災後にスーパーを早期に再開した間瀬さんの手腕を高く評価する。ただ、〝攻め〟に偏る姿勢には一抹の不安を抱いている。

「希望的観測が多く、リスクを少なく見がち。大きな失敗をして、どうにもならなくなる危険性もある。そこだけが心配」。攻守のバランスが取れた経営を望む。

復興事業の終了、水産業の不振など被災地経済は厳しさが増している。企業にとっても地域にとっても、今後の生き残りは「町の魅力と認知度の向上」（間瀬さん）に懸かる。今は信じる道をまっすぐに歩む。

【尾半ホールディングス】水産加工センター運営のびはんコーポレーション、しょうゆ製造の宮田醤油店、ガソリンスタンド運営の尾半商事、フィットネスジム運営の尾半商店の計4社（雫石町の宮田醤油店以外は山田町所在）の持ち株会社。設立は2014年。資本金1千万円、本社は山田町中央町。尾半グループは他にスーパーマーケット運営のびはん、セブン―イレブン運営のびはんセンターがある。創業時期は明確でないが、創業家のルーツは尾張（現愛知県西部）で、社名は祖先の「尾張半兵衛」から。間瀬慶蔵さんは8代目。グループ従業員は164人。グループ全体の直近の売上高は31億2千万円。

小さな子どもから大人まで、
みんなに食べてもらえるのがうちの麺

高階岑子さん／白龍（盛岡じゃじゃ麺、盛岡市）

盛岡市内丸の白龍（パイロン）は、盛岡じゃじゃ麺の「元祖」として不動の人気を誇る。3代目の高階岑子《たかしなみねこ》さん（78）は、父が試行錯誤の末に開発したオリジナルの麺料理と店舗を継承。じゃじゃ麺をわんこそば、冷麺と並ぶ、全国に誇れる盛岡三大麺に育て上げた。家業に入って半世紀余り。経営の傍ら今も日々、本店の厨房で麺をゆで続けている。「お客さんと従業員に恵まれた」。こだわりの味を愚直に守り抜いてきた半生と、経営者としての決断を見つめる。

【2021年1月18〜22日掲載】

借金も商売のうち

バブル景気の余韻が残る1990年代初頭、白龍は本店の2軒隣に分店を開店し、2店舗態勢に踏み切った。理由は自転車の無断駐輪対策だった。

高階岑子さんは1991年に創業者で父の貫勝《かんしょう》さんを亡くした後、高齢の母テルさんらと店を切り盛りしていた。変わらぬにぎわいに感謝しつつ、悩みがあった。

小さな店が密集する盛岡市内丸の桜山神社界隈。白龍本店も他の店と同様、間口は狭い。「食べにくる高校生たちが、よその店の前に自転車をたくさん置いていた。『満席と間違えて客が帰る』と、しょっちゅう怒られた」

貫勝さんが健在な頃、新しい店をつくる選択肢はなかった。「父は店を増やすのは嫌だった。1カ所なら自分の味が出せると考えていたと思う」

自転車問題に困り果てていた。時には、おわびの品を突き返された。本店並びに2階建ての空き店舗の情報を聞いた。そこはテルさんが戦後、衣料品を販売していたゆかりのある場所だった。高階さんは賃貸でなくあえて物件を買い取り、1階を店にした。駐輪スペースが広がった。苦情が収まると思うと「ただただ、ほっとした」。

分店で万事解決ではなかったが、効果は大きかった。客を分散できたほか、営業を午前9時からにしたことで従来は一部に限られた朝のじゃじゃ麺需要を掘り起こした。サラリーマンなど男性中心で常連客も多い濃密な空間の本店と比べ、新しくきれいな店は子ども連れも入りやすかった。分店は四半世紀に渡って親しまれ、2018年の閉店時は惜しむ声も多かった。

白龍本店の店内。昭和のレトロな雰囲気を残す店は長年、多くの市民や観光客に愛されている＝盛岡市内丸

盛岡市菜園のカワトクに初めてテナントを出店したのは２００１年。売り場のリニューアルを計画していたカワトク側から高い集客力を見込まれ、声を掛けられた。周囲は反対一色だった。「店を作り、テナント料もかかる。みんな借金を心配していた。でも借金も商売のうち。自分はけろっとして強引に進めた」

開放的な造りで買い物ついでに食べられる店は、女性や家族連れに支持され、顧客層を広げた。新型コロナウイルス禍の前、販売するじゃじゃ麺は食事と持ち帰りで優に年間10万食を超えた。

２０１７年3月には念願だった盛岡駅ビル・フェザンへの進出をかなえた。「すごくいい場所に出させてもらい、ありがたかった。駅を使う人がすぐに食べられるし、街中まで来なくていいから固定客も結構ある」

堅実で要所を抑えた白龍の店舗展開。導いたのは、高階さんの無欲の商才だった。

じゃじゃ麺を開発した父貫勝さん。戦後8年近くして中国から引き揚げ、屋台営業から始めた。

評判呼んだ父の屋台

「突然帰ってきた高階さんは妻テルさん（37）と娘の岑子さん（10）に迎えられ、（中略）遠慮がちにこそこそと大船渡線の列車に乗ってしまった。高階さんはハルビンにおり25年ぶりの帰国であった」

1953年3月31日付の岩手日報は終戦から8年近くを経て中国から引き揚げ、一ノ関駅に到着し

「白龍」創業者の高階貫勝さん（高階岑子さん提供）

た県人に、のちの白龍の創業者、高階貫勝さん＝当時（42）＝がいたことを報じている。

貫勝さんは1910（明治43）年8月生まれで、松川村（現一関市東山町）出身。旧満州（現中国東北部）で従軍した。一足早く帰国した妻子と別れ、終戦後も中国で生活した。

「（中国では）兄は電気技術を重宝がられた。病院で働いていたこともあった。炊事勤めをさせられたこともあったなどと聞いた」（貫勝さんがモデルの市民劇を演出した倉持裕幸さん（54）＝架空の劇団代表、盛岡市＝に貫勝さんの弟国雄さんが宛てた手紙より）。

貫勝さんが中国で食べていたのが、炸醤（ジャージャー）麺。うどんのような麺に炒めた肉みそを絡めて食べる家庭料理で、貫勝さんは昼ご飯に食べていたとも、立ち寄った農家でいただいたとも伝わる。紛れもなく、じゃじゃ麺の原点との出合いがあった。

貫勝さんは友達に勧められ、1955年ごろからテルさんの古里の盛岡市で屋台を始めた。同市大通の県産業会館（サンビル）の近く。最初はギョーザだけで後から皮を作った残りの粉で、うどんを打つようになった。

じゃじゃ麺をなぜ、いつから作り始めたかは、はっきりしない。峇子さんは「父は満州で食べた炸醤麺を再現しようとした。その上で日本人の口に合うように、知り合いにいろいろ食べてもらったようだ」。

力を注いだのが肉入りのじゃじゃみそ（炒めみそ）造りだった。造っては捨て、造っては捨てを繰り返したといい「苦労したと話していた」。岑子さんは海外での戦中・戦後の混乱を経て帰国し、一家を養おうと必死で飲食業に挑戦した父の思いを推し量る。

じゃじゃ麺とギョーザの屋台は評判となった。数年後、戦後の引き揚げ者が事業を営んでいた盛岡市内丸・亀ケ池の上の「桜橋商店街」に初めて店を出した。

1967年から白龍に通う元県職員の福岡勝夫さん（78）＝花巻市東町＝は「10人ぐらい入れる狭くて、暗い店だった。行列ができるほどではなかったが、客は多かった。じゃじゃ麺は名前も中身も当時と一緒」と証言する。

1970年岩手国体に向けた桜橋商店街の解体に伴い、内丸・桜山神社界隈の貸店舗に移った。1972年ごろに現在地に本店を新築。今につながるじゃじゃ麺の〝聖地〟が誕生した。

貫勝さんのイメージは、無口、無愛想、怒りっぽい…。食べ残した客に向かって持って帰るようにビニール袋を渡そうとしたり、倍の値段をもらうと話していたという逸話も残る。

「ぶっきらぼうだが、時折、にやっと笑って客をからかっていた。日曜日に仕事で昼飯を食べる所がないと話したら『作るか』と、店を開けてくれることもあった」。福岡さんは武骨な料理人の思い出を語る。

貫勝さんが店で倒れ急逝して30年。つけ麺を除けばじゃじゃ麺、ちいたんたん、ギョーザ、ろうすう麺というメニューは貫勝さんが健在な頃と変わらない。

岑子さんは「新しいメニューは必要ない。作れないし、みんながじゃじゃ麺を食べに来てくれる」と

白龍のじゃじゃ麺。秘伝の炒めみそは創業当時からの味を守り続けている

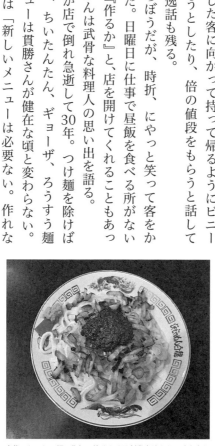

正直に言う。父の味を真っすぐに守る。3代目の唯一無二の役目だった。
一人娘の岑子さん。家業を継ぐ気はなかった。

夫の急死、看板引き継ぐ

高階岑子さんは1942（昭和17）年4月、満州（現中国東北部）で父貫勝さん、母テルさんの長女として生まれた。

弟がいたが、テルさんと3人で引き揚げて間もなく亡くなり、以来、一人っ子のように育った。高階さんは「満州での記憶はないし、いつ日本に戻ってきたかも分からない。たぶん小学校に入る少し前」と語る。

テルさんは引き揚げ後、現在の盛岡市内丸・桜山神社周辺にあり戦後、引き揚げ者が集まっていた更生市場で衣料品店を営み、高階さんを育てた。貫勝さんが帰国したのは、盛岡・城南小の4年生の時だった。

経済的には比較的恵まれていた。ピアノを習い、大人になったら幼稚園の先生になりたかった。じゃじゃ麺店は盛岡市立高時代に食器の煮沸消毒の手伝いをする程度だった。

高校を卒業して盛岡市内の自動車販売会社に就職。部品の在庫管理などの事務仕事だった。

店が内丸・亀ケ池の桟橋商店街にあった頃。貫勝さんとテルさんが「おしどり会」と称して他の店の人と旅行に出掛けると、自分は会社を休んで、にわか店主をした。「みそは親が大量に造っていた。店を休めばお客さんがよそに行ってしまうので、覚えたふりをして麺をゆでて出した」

ただ家を継ぐ気はなかったし、親からも言われなかった。4、5年ほどで会社を退職すると、今度は調理師学校と洋裁学校に入った。「お菓子作りが好きだった。学校通いは店を手伝わなくていいように…」。高階さんが、うふふと笑った。

　学校を卒業し、本格的に家業に従事した。「店でいろんなことを見て覚えていくうちに、楽しくなった」。ぼんやりと、でも確実に飲食業に興味を持つようになった。

　酒造会社の社長に頼まれた酒のおかんを間違えて酢を温めて出したり、たくさん入れた方がおいしいと思い込み、ろうすう麺のスープに大量のうま味調味料を入れて親に怒られた。

　世間知らずで失敗もするが、ちゃめっ気があって行動は時に大胆。いくつかのエピソードは、多くの人に親しまれる高階さんの魅力を映し出す。

自動車販売会社の社員旅行で岩手県内の海岸に出掛けた時の高階岑子さん。仕事を休み、親に代わって店を営業することもあった＝1961年（高階さん提供）

20代で看板業の手伝いの仕事をしていた孝雄さんと結ばれた。一緒にじゃじゃ麺を作り、男の子2人を授かったが、試練が待っていた。自分とまだ幼い子どもを残し、1980年に孝雄さんが病気で早世。「私は丈夫過ぎる。だから人の痛みが分からなかった。父親もがっくりしていた」

その後、高階さんはテルさんの協力も得て、子育てと仕事に励んだ。貫勝さん亡き後は、実質的な代表者となり、白龍の看板を引き継いだ。

じゃじゃ麺には作り手と客双方のこだわりが詰まっている。

見て覚えたみそ造り

盛岡市内丸の白龍（パイロン）本店。午前9時の開店前、秘伝の「じゃじゃみそ（炒めみそ）」造りは始まる。

高階岑子さんが大きな銅鍋で豚ひき肉やシイタケ、ごまなどを炒める。酒やしょうゆは無造作に入れているようで、量を一定にする納得の工夫がある。

赤みそを投入した後は、自動かくはん棒が威力を発揮。本来はあんを練るために開発された機械という。造り始めて1時間半、香ばしいみその香りが立ち、「基みそ」が出来上がった。

白龍の〝命〟と言える「じゃじゃみそ」。みそ造りに精魂を傾けた父貫勝さんは、家族にも具体的な作り方を教えなかった。

高階さんは「父親の後ろにずっと立ち、見て覚えた」と語る。みそ造りは貫勝さんの生前から。創業者が認めた味に手を加えず、ずっと造り続けてきた。

基みそは、各店の店長らによって麺によく絡むように仕上げられる。「(仕上げ後のみそについて)硬いとか軟らかいとかは言わない。基みそがしっかりしていればいい」。みそ造りの最終工程を託せるのは、従業員への高階さんの信頼の証しに他ならない。

「業者に指示するため、貫勝さんが天気予報を見ながら水分量など麺の作り方を決めていたのを見た」(常連客)。麺も、ただの平たいうどんではない。

製造を担うのは盛岡市内の2業者。中でも川目町の中野製麺は先代の社長が、多忙で自らうどんを打てなくなった貫勝さんから直々に製麺を依頼され

じゃじゃみそ造りの様子。高階岑子さん（右）は「父親の後ろに立って、見て覚えた」と語る＝盛岡市内丸・白龍本店

た。

中野製麺は現在も、朝一番に白龍の専用麺を製造する。中野正紀社長（62）は「白龍の麺は水分が少ない方。ゆでた後にもっちりする」と特徴を解説する。15分程度と長いゆで時間は、貫勝さんが探求に費やした時間に比例する。

客のバラエティーに富んだ食べ方も、じゃじゃ麺ならではの魅力だ。

酢やラー油、ニンニクの使用はもとより、常連ともなれば麺の硬さ、野菜の量、玉子スープ「ちいたんたん」にみそ、ネギを入れるかどうかなど、好みは十人十色。隠語も面白い。例えば「じゃぶ」は麺の湯切りが弱く、さらにゆで汁を加えるなどした状態、「ぎっちり」は強く湯切りした状態を指し、麺とみその絡まりや、喉ごしが変わるという。「赤」「黄色」「白」は食材や調味料の色を表す。

じゃじゃ麺はうどんに肉みそと刻んだキュウリ、ネギをのせ、紅しょうがとしょうがを添えたシンプルな料理。高階さんは客が調味料などで好みの味を作ることを尊重した上で、本音を吐露する。

「怖いのは調味料などを加えずに、そのまま食べるお客さん。味が一番分かるし、それでおいしいと言ってもらえるとすごくうれしい」。確かなベースがあるからこそ、白龍のじゃじゃ麺は無限の味の広がりを放つ。

常連客からの提案

高階岑子さんが年に1度、楽しみにする集まりがある。通称「じゃじゃの会」だ。正式名は「桜山『パイロン』不来方友の会」（福岡勝夫会長、会員23人）。立ち上げ時期ははっきりしないが、昭和40年代の末ごろとみられる。福岡さんら常連だった当時若手の県職員十数人が「店で働いてばかりの岑子さんを外に連れだそう」と、飲み会を企画したのがきっかけだった。県職員以外の常連客を加えながら高階さんと長く交流を続けてきた。

事務局を務める熊谷久男さん（74）＝盛岡市津志田＝は、郵便局で働いていた1973年から今日に至るまでじゃじゃ麺を食べ続ける。郵便局時代は週5回白龍に通ったという〝超・常連〟。熊谷さんは親睦にとどまらず、より良い店づくりを高階さんに提案してきた。

「紙エプロン、髪止めゴム　必要な方はお申し出下さい」。本店のカウンター前に掲示がある。

「せっかく観光客も増えてきたのに服にみそが付いたら、その後の旅行が気の毒だと思って」と熊谷さん。

値段の表示だけだったメニューに食べ方を載せたり、2食単位が基本だった持ち帰りを1食からできるようにしたり。熊谷さんは「飲み会をすると、みんなから次々意見が出てくる。自分は先輩に『じゃじゃ麺は3回食べないと駄目だ』と言われて食べるようになった。1度食べた人にまた来てもらいたいから、いろいろ話をする」と積極的に世話を焼く。

高階さんは支えられてきた客にサービスで応えてきた。

本店の営業は年末が12月31日午後3時まで。年明けは1月4日から始まる。「年明けに食べるために持ち帰りを買う人が多い。何日も前の麺を食べてもらうのは申し訳ないから、年末ぎりぎりまで開けている」

気配りはレジ回りにもにじむ。厨房側の壁にびっしりと張られた食事のチケット。時間が経過して黒く変色した物もあるが、高階さんは「転

年1回集まり、交流を楽しむ「友の会」のメンバー。じゃじゃ麺は多くのファンに育てられてきた。前列左端が高階岑子さん＝2015年、盛岡市内（熊谷久男さん提供）

勤で盛岡を離れた人が戻ってきたときに使えるように、ずっと取り置きしている」と理由を語る。

店内は大好きなバイオリニスト葉加瀬太郎さんら、来店した有名人の色紙で埋まる。2007年放送のNHK連続テレビ小説「どんど晴れ」などを契機に、じゃじゃ麺の知名度は上がり、〝元祖〟の味を求めて観光客や修学旅行生も数多く訪れるようになった。常連や地元住民に限らない、客の裾野の広さも白龍の強みだ。

「小さな子どもから大人まで、みんなに食べてもらえるのがうちの麺。アルバイトさんや若いお客さんが結婚して家族を連れてきて、その家族がまた次の家族を連れてくる。そうしてやってこれた」。高階さんの声が弾む。

高階さんを現場で支えるのは2人の息子と従業員たち。白龍の味を守る欠かせないパートナーだ。

感謝と謙虚さを忘れず

高階岑子さんが家業のじゃじゃ麺店に入って50年余。150センチほどの体で毎日、黙々と麺をゆで上げてきた。今も定休日の盆正月以外は、丸一日休むことはない。

競技は語らないが、若い頃にスポーツをしていた高階さん。「腕で麺を上げようとすると痛くなる。こつは肩を使うこと。だから私の肩はがっちり」。喜寿を過ぎて立ち仕事を続けられるのは「親に感謝している」と繰り返す健康で丈夫な体のたまものだ。

岩手には「じゃじゃの日」がある。盛岡三大麺普及協議会（辺龍雄会長）がじゃじゃ麺の消費拡大を目的に毎年4月14日をその日に定め、イベントを企画する。2020年度の白龍以外の参加店は18。白龍がのれん分けした所はなく、多くは〝本家〟を参考にしてみそやサービスを独自に開発してきたとみられている。

高校以来のじゃじゃ麺好きで、盛岡じゃじゃ麺ファンクラブ会長の工藤監子《あきこ》さん（56）

＝盛岡市高松＝は「開店から最短3日を含め、県内ではこれまでに20軒以上のじゃじゃ麺店がつぶれている。薄利多売で商売として続ける難しさがある」と指摘。白龍の安定した経営が、群を抜く集客力にあることを裏付ける。

高階さんは専門店の増加について「それぞれの店が自前の味のみそで作っていけばいい。自分だって満州の本物は食べたことがないんだから」と受け流す。

「別の店の邪魔はしないように」と今後新たに店を増やす考えはないという。競争志向とは無縁だ。

若くして夫を亡くし、働きながら2人の息子を育てた。ともに家業を継ぎ、長男忠雄さん（49）は大手通販サイトを使った販路拡大、次男勝雄さん（46）は母と共に本店で働く。2人は秘伝のじゃじゃみそ造りの継承者でもある。

勝雄さんは店舗運営の傍ら全国各地の物産展などに出向き、じゃじゃ麺の魅力をPRしている。「白龍というよりも、盛岡のじゃじゃ麺を全国でもっとメジャーにしたい」。盛岡自慢の味を多くの人に届けるという思いは母と通じ合う。

「子どもは私よりずっとしっかりしている。後継ぎのいる店は入った時に雰囲気が明るく、感じがいいそうだ。本当にありがたい」。高階さんは相好を崩す。

新型コロナウイルス感染症が営業に影を落とす。一時は直接の食事提供ができなくなり、客足は不安定な状態が続いている。それでも創業以来の歩みを見るとき、白龍の足跡は大過なく刻まれてきた。

「じゃじゃ麺屋をするとは思わずに育ち、やってみたらいいお客さん、従業員、アルバイトさんに恵まれた。そもそも父が店を出せ

麺をゆで上げる高階岑子さん。78歳の今も元気に厨房に立ち、じゃじゃ麺のおいしさを守り続けている＝盛岡市内丸・白龍本店

たのも地域の人がお世話をしてくれたから。これまで心配なくやってこれた」。感謝と謙虚さを忘れず、今日も本店の厨房に立つ。

【白龍（パイロン）】盛岡じゃじゃ麺の専門店。有限会社。創業は1955年ごろ。満州（現中国東北部）から戦後引き揚げてきた高階貫勝さんが独自の麺料理「じゃじゃ麺」を開発。盛岡市内で屋台から始め、その後、同市内丸に店舗を開店。現本店の開店は72年ごろ。現社長の高階岑子さんは3代目。岑子さんによると白龍の名前の由来は「中国の酒」。本店と同市菜園のカワトク店、同市盛岡駅前通のフェザン店の3店舗。従業員約40人（アルバイト含む）。年商は約1億5千万円。

うちの酒を評価して一生懸命扱ってくれるなら
県内も県外もない

佐藤元さん／吾妻嶺酒造店（紫波町）

紫波町土舘の造り酒屋吾妻嶺《あづまみね》酒造店は、日本三大杜氏の一つ「南部杜氏」を生んだ酒蔵に起源を持つ。江戸時代から続く酒蔵の第13代蔵元を務めるのが佐藤元《げん》さん（49）。20代後半で家業を継ぎ、日本酒離れや規制緩和など変化の時代に直面。県外の販路開拓と純米酒の製造に経営立て直しの活路を求め、日本酒の魅力発信に奮闘してきた。佐藤さんの歩みと決断を見つめる。

【2021年3月22～26日掲載】

地酒専門店に懸ける

岩手県内で吾妻嶺酒造店の酒は販売店が限られる。メインの販路は県外にある地酒の専門店。蔵元の佐藤元さんが会社の生き残りを懸けて選んだ道だった。

東京農大醸造学科を卒業して家業に入り、酒造りを学びながら酒販店や飲食店回りの営業をした。古くからの得意先を訪ね、吾妻嶺の酒を置いてくれるように頭を下げた。

バブル景気が終わり、景気の落ち込みが始まっていた頃。日本酒の消費量は昭和40年代後半をピークに減少を続けていた。

消費が落ちたときの常とう手段は、値段を下げて少しでも売り上げを確保すること。「他はこれだけ安く納品すると言っているが、お宅は?」。取引先から相次いだのが卸値の値下げ圧力だった。ホテルや旅館の中には催事のチケット購入や資材の寄付を、暗黙の取引条件にする所もあった。

かつて1級酒や2級酒と呼ばれた比較的手頃な値段の普通酒が、製造の大部分を占めていた。家族からは酒の原価も教えられず、先行きに不安が募った。「これで利益は出ているのか」

売り上げも製造量も減っていった。経営の厳しさを実感していたさなか、祖母のヒサ子さん（故人）から27歳で蔵元を託された。

商売の方法を変えなければと思ったが、パートナーである県内の酒販店の多くは変化に消極的と映った。

打開のヒントをくれたのは大学時代の同期。山梨県内で酒販店を営んでいた。電話で話をすると「県外の店を一度見たらどうか」とアドバイスを受けた。

栃木県内の酒販店を紹介された。販売していたのは地元の酒が1割で、他は県外酒ばかり。吾妻嶺のような小規模な蔵の酒もあった。どれもうまかった。

酒の品質を落とさないように冷蔵庫などで保管し、味や風味を客にしっかり説明できる専門店だった。蔵の大小でなく、安定した価格と品質で勝負できる世界に光明を見つけた。県内一辺倒の販路を見直し、専門店の開拓にかじを切った。

吾妻嶺は現在、一部の銘柄を除き全国36軒の「特約店」と呼ばれる専門店でしか商品を販売していない。県内は5軒で他は県外。遠くは熊本県にある。紫波町の本社でも直販はしない。

「うちの酒を評価して一生懸命扱ってくれる所なら県内も県外もない。特約店はエリアで専門的に売れるメリットがあるし、蔵にとっても限定流通によって商品の価値を上げられる」

仕込みから20日ほどたったもろみ。表面の所々がぷつぷつと泡立ち、タンク周辺に日本酒の香りが立つ＝紫波町・吾妻嶺酒造店

吾妻嶺は岩手を捨てたんだろう。こんな皮肉を受けたこともある。悩んだが、蔵の存続が最優先だった。信念を胸に前を向いた。

佐藤さんは今、利益率の高い筋肉質の経営に手応えを感じている。実現できたのは特約店販売と不可分の純米酒への傾注だった。

一大決心、純米酒へ転換

仕込みの朝。蔵の隅に据えられた甑《こしき》から、米を蒸す湯気がもうもうと立ち上る。天井をはうように広がり、一帯が白く煙る。

吾妻嶺酒造店の酒蔵は、土蔵造りで築150年を超える。現在の石高は約300石（1石は約180リットル＝一升瓶100本分）。県内に22ある造り酒屋の中でも、製造量は少ない方から三指に入る。従業員は蔵元の佐藤元さんを含めて5人。家族経営の小さな酒蔵だ。

限られた特約店を主な販路にするのは、そもそも製造量が少ないという事情もある。知名度と価格交渉力に勝る大手メーカーに対抗するには、独自の販売ルートを持つ必要があった。自社の流通をコントロールすることで製造・販売計画を立てやすくした。

佐藤さんが蔵元に就いたのは1998年。日本酒はバブル経済の高級志向から「伝統」「本物」が注目さ

米を蒸し上げる甑（こしき）から、もうもうと立ち上る湯気。天井をはうようにして蔵の中に広がっていく

れる時代に入っていた。県外に取引先を広げようとしたとき、酒販店のリクエストは米と水、米こうじだけで造る純米酒だった。

吾妻嶺は長く普通酒がメインだったが、少量ながら純米酒も造っていた。佐藤さんは県外の酒と飲み比べて自覚していた。「口当たりの柔らかさや喉ごしなど、うちより数段上だ」と。新しい純米酒造りの挑戦が始まった。

自身は甘口の酒を好む。目指したイメージは「米のうま味を感じつつ、くどくない、すっきりした酒」。当時働いていた杜氏と一緒に酒米や酵母菌の種類、精米割合の組み合わせを変えながら試作を重ねた。

杜氏と首都圏の酒販店に出掛け、じかに感想を聞いた。「悪くないけれど、個性が足りない。どれも同じ味」と当初は厳しい評価が多かった。

開発から3年で、ようやく満足のいく酒ができた。酒米は長野県原産「美山錦《みやま》」、精米割合50%、水は会社敷地内から湧き出る地元の東根山《あずまね》を源とした軟水の伏流水。このとき誕生した酒は今、「あづまみね　純米吟醸美山錦」として蔵の売り上げの約4割を占める主力商品に育っている。

2000年を過ぎると、純米酒の製造割合は50％程度まで上昇した。首都圏などへの出荷が伸びると、反比例して県内向けの普通酒の製造は減った。純米酒を県内でも売りたかったが「値段が高い」「(冷蔵保管など）扱いが面倒」と、たいていの酒販店の関心は鈍かった。

普通酒よりも価格の高い純米酒は、原料米のコスト増を考えても1本当たりの利益が大きい。酒税は出荷額でなく、出荷量で計算される。量が同じなら、より利幅のある酒をたくさん造るのに越したことはない。

「失敗したら復活できない」。販売の重点を県内から県外へ、酒類を普通酒から純米酒へ転換することに怖さはあった。踏ん切りの背中を押したのは吾妻嶺の酒を認めて大事に売ってくれる特約店と、経営改善を評価する金融機関だった。

2018年。佐藤さんは、この年の仕込みから「純米酒専門蔵」を宣言した。普通酒、本醸造酒のように醸造用アルコールを混ぜて造る、俗にいう「アル添《てん》」市場から撤退した。

安価な普通酒から高付加価値の純米酒、純米吟醸酒への製造シフトは業界の潮流。競争環境は強まるが、佐藤さんに他社がライバルという意識はない。

「純米酒専門蔵は他県では10年も前からあった。日本酒消費は減っており、互いにおいしい酒を造って消費拡大に貢献したい。消費者、酒販店に吾妻嶺が好き、いい酒と言われるとうれしいいし、頑張らなきゃいけないと思う」。岩手らしい純米酒を造る。迷わずに己の酒を磨く。

佐藤さんは読書家。経営にも生かしてきた。

入社5年で蔵元就任

佐藤元さんは子どもの頃から「活字中毒」だった。

紫波第三中時代の夏休みの記憶が鮮明に残っている。自宅の縁側で読んだフランス人作家ジュール・ベルヌのSF小説「海底二万里」。「空想するのが好きで、すごく衝撃を受けた。国内外のSF的な作品をよく読んだ。田舎の酒蔵の跡取りで、純粋培養の『井の中の蛙』。本は自分の知らない世界を教えてくれた」

国内、海外、ジャンルを問わず親しんだ。自然と文学の勉強に興味を持ったが、進路は思う通りにいかなかった。高校は希望した盛岡市内の進学校でなく盛岡商高、大学は文学部のある大学ではなく東京農大醸造学科に進んだ。蔵元を務めていた祖母ヒサ子さん（故人）の意向が大きかった。

自分が酒蔵を継ぐこと自体に疑問はなかった。ヒサ子さんからは、支えられた人への感謝など商人の心構えをたたき込まれた。希望と違う進路だったが、受け入れることはできた。

生き方や経営の指針とする外国人写真家がいる。戦場カメラマンのロバート・キャパ。大学時代に東京・渋谷で開かれていた作品展で知った。著作や伝記を読んで感銘を受けた。今も胸に刻む精神がある。「一朝一夕では何事もなしえない。努力なしに成果は生まれない」

大学を卒業してすぐに家業に入社し、5年目にはヒサ子さんから蔵元の職責を引き継いだ。思ってもみない早期の就任だった。

業界は変革の流れの真っただ中にあった。級別（特級、1、2級）制度の廃止や販売に関する規制

ＪＲ盛岡駅構内で試飲販売する30代前半の佐藤元さん。蔵元として経営の立て直しに苦闘していた（佐藤さん提供）

緩和が進められた時代。市場は長く冷え込んでいた。蔵元になった佐藤さんの心は、前向きと後ろ向きの両方だった。

1石でも規模の大きい蔵が偉い。そんな意識が強かった。「吟醸酒や純米酒をどんどん造って蔵を大きくしたい。県内外から評価される蔵になりたい」。強い野心があった。

一方、営業活動を通じ売り上げの先細りを痛感していた。「先祖代々続く銀行借り入れの利払いに追われていた。自分が蔵を伸ばせるか不安だった」

不安の大きさを努力の原動力にした。県外販売や純米酒部門に力を入れた。収益構造の転換は今でこそ軌道に乗っているが、当時は県内販売の落ち込みをカバーできなかった。

佐藤さんは「支払いを待ってもらったり、追加の借り入れが滞ったり。30代の頃は売り上げがじゃんじゃん減って、赤字決算が何年も続いた。つぶれると思った」と正直に語る。

吾妻嶺酒造店は「兄弟蔵」。佐藤さんの実弟・小田中公《こう》さん（46）が蔵長《くらちょう》（杜氏）を担う。

兄弟げんか

酒造り責任者の杜氏を務める小田中公さん。旧姓佐藤。佐藤元さんの実弟で、電気工事業の技術者から転身した。吾妻嶺では「蔵長」と呼ばれる。

小田中さんは2人兄弟の次男。「家を継ぐのは長男。自分は手も口も出せないと考えていた」と、家業に入る気はなかった。

吾妻嶺の経営は、佐藤さんが27歳で継いだ後も厳しい状況が続いていた。「兄には前から力を合わせてやらないかと言われていた」と小田中さん。30歳の時「そこまで言うなら」と会社を辞め、酒蔵のある紫波町の実家に戻った。酒造りは全くの素人だったが、佐藤さんは協力を喜んだ。

一つ屋根の下で暮らしながら、兄弟で蔵の再建に取りかかった。佐藤さんは蔵元として営業・販売を含む経営全般、小田中さんは現場で酒造りという分担を決めた。

始まったのは二人三脚とは程遠い、兄弟げんかだった。蔵の前でのとっ組み合い、殴り合いは1度や2度で済まなかった。怒声は近所まで鳴り響いた。

佐藤さんは当時について「自分は10年以上も酒蔵の生活に漬かり、弟がおかしいと感じることでも、清濁併せのむところがあった。蔵の事情も知らないくせに、という気持ちがあった」と語る。小田中さんは「酒造りでなく、蔵元（佐藤さん）個人への反発だったかもしれない」と、少し気まずそうに振り返る。

関係が雪解けするまで1年ほどかかった。佐藤さんは「家業を守りたい、良くしたいというベクトルは同じだから、そのために努力するという気持ちは共通する。今はすごくフレンドリー」と笑顔を見せる。

蒸し米をスコップですくう小田中公さん（左）。「目指す酒造りには、あと何年、何十年かかるか分からない」と精進を誓う＝紫波町・吾妻嶺酒造店

小田中さんは「蔵元はたまたま吾妻嶺の長男に生まれ、家業や借金を背負わされた。第三者的に見ると、かわいそうなところもある」と察する。そして「できた酒に文句を言わず、頑張って売ると言ってくれる。気を使っていると思う」と受け止める。

小田中さんは2011年、前任の杜氏から酒造りの責任者を引き継いだ。秋からの仕込みの季節になると、体重が毎年5キロほど減る。「1人の国民として国の恩義に報いる酒、そして多くの人に日本酒を飲むきっかけをつくる酒を造りたい」。心身の疲労と闘いながら理想を追う。

吾妻嶺は10年来、鑑評会など主要な日本酒のコンクールに参加していない。佐藤さんは理由を語る。「コンクールの酒は大吟醸が基本。費用も手間もかかるため値段が高く、あまり売れない。自分たちが注力すべきなのは、消費者が気軽に楽しめる酒を、丁寧に造る技術。飲めばほっとする『岩手らしい純米酒』を目指している」。酒に込める2人の思いは一致する。

2011年の東日本大震災は建物被害の一方、販路の強化をもたらした。

震災を乗り越えた酒

「蔵全体が揺れ、倒壊するのではと思いました。すぐに電気が落ちました。また余震です。（建物の）きしむ音が聞こえますか」。荒い息遣いに切迫感がにじむ。

２０１１年３月11日の東日本大震災。佐藤元さんは当日から数日に渡り、蔵の様子を音声に残した。

東日本大震災による亀裂が入ったままの酒蔵の壁。防災対策の強化が課題の一つとなっている

日本酒の魅力を伝えようと、以前から酒造りの作業風景などを録音し、インターネットの音声配信サービスで流していた。

「最初は津波のことなど知らなかった。すごい地震だったから、蔵の記録として残さないといけないと思った」。無我夢中で録音機を起動し、感じたままを実況した。

吾妻嶺も被害を受けた。倒壊などは免れたが、築150年を超える蔵は壁のあちこちに亀裂が入り、土壁のしっくいが崩落。コンクリートの床は隆起した。

停電に危機感が募った。蔵には発酵中のもろみが、タンクに3本分（6千〜7千リットル）残っていた。停電のために搾ることはむろん、温度管理やアルコール度数の分析もストップ。在庫の生酒の冷蔵機能も失われた。母屋を含めて全てを頼っていた湧水は、くみ上げられない事態に陥った。

「最悪のケースとして酒の廃棄を考えた。当時は仮に取引が1カ月ないと、経営が持たない状況。弟には『（廃業を）覚悟してくれ』と話した」

停電は幸い2日後の13日夕方に解消し、酒造りを続けることができた。この日の音声に、佐藤さんは決意を込めた。「地震を越えた酒は意味がある。日本人として後世に語り継ぎ、いずれは復興に役立つ酒になりたい」

震災から約1カ月は、蔵の後片付けや仕事で世話になる大船渡市内のカキ養殖漁家の支援に費やした。自粛ムードもあり、本業は開店休業の状態だった。

2カ月ほどたつと風向きが変わった。被災地支援の動きが急速に盛り上がった。沿岸部ではない吾妻嶺も、都内の復興イベントなどの誘いを受けるようになった。

取引の依頼が急増した。「全国から40～50件あったと思う。ただ既存の特約店の売り上げが良く、あまり対応できなかった。県外の販路は震災を機に定着し、太くなった」。現在の吾妻嶺の酒の流通割合は県内、県外が3対7。震災は図らずも経営の安定化に寄与した。

県内で大きな地震が相次いでいる。震災と、その後の余震で被害を受けた酒蔵の修繕は満足に行われていない。近くには過去に大規模な水害を起こした1級河川・滝名川が流れる。

「在庫を高く積まないとか、不安定な足場をなくす取り組みはしてきた。自家発電や蓄電池を導入したいし、蔵も衛生的で使い勝手のいい建物にしたい。それには相当な資金が必要になる」。永続的な酒造りのため、防災対策や設備投資をどう進めるか。13代目に託された大きな課題だ。

吾妻嶺のブランド力の向上、輸出の実現、県産酒米の利用拡大。佐藤さんには、やりたいことが山とある。

50年先を見据え

吾妻嶺酒造店は1年で約300石（1石は約180リットル＝一升瓶100本分）の

日本酒を製造する。蔵元の佐藤元さんが大学を出て家業に入ったときは700石以上、子どもの頃は3千石あった。蔵元になり県外の販路を広げても、製造量自体は大きく減っている。

今、佐藤さんに石高への執着はない。「大事なのは利益の確保。品質を高めることで当蔵《とうくら》の純米酒を評価してもらい、ある程度売れれば自分も弟も食べていける」。蔵の中に使われずに林立する古いタンクは「量から質へ」という前向きな方針転換を投影する。

取り組みは確実に形になってきた。吾妻嶺の酒を販売する東京都武蔵村山市の宿萬《しゅくまん》酒店の加園《かその》裕一社長（49）は「ここ数年、酒質がはっきりと上がっ

弟の小田中公さん（右から２人目）と佐藤元さん（同３人目）。兄弟で力を合わせ、50年先に残る蔵を目指しブランド力向上を期す＝紫波町・吾妻嶺酒造店

ている。個人客も飲食店もリピーターが多い」と太鼓判を押す。

うまい酒は蔵人だけでは造れない。大切なパートナーが酒米農家。吾妻嶺の酒米は長野県産の美山錦の割合が高いが、佐藤さんは矢巾町で生産される本県オリジナルの酒造好適米「ぎんおとめ」に可能性を見る。この米で「南昌山」という地酒も仕込んでいる。

佐藤さんは「蔵元のやりがいは造って売るだけでなく、農家さんに喜んでもらうこと。ぎんおとめは、うちの蔵に合う。将来的には美山錦とぎんおとめを二本柱にして造っていきたい」と共生の酒造りを描く。

業績の低迷や東日本大震災を乗り越えてきた。日本酒業界を俯瞰《ふかん》すれば、北米やアジア向けの輸出が拡大。純米酒など単価の高い酒の人気が高まり、国内出荷額も新型コロナウイルス禍前は増加基調だった。

佐藤さんも輸出に強い意欲を持つ。同時に業界の現状を楽観視はしていない。

以前、都内の大学生に日本酒の話をした際のアンケートに衝撃を受けた。

日本酒は罰ゲームの酒。「カテゴリー的には毒に近い扱い。日本酒を飲んで『フルーティーでワインみたい』と言うが、そもそもワイン前提の発想。そこを覆さないとならない」

消費者の世代交代は業界の古くて新しい課題。どんなに良い酒を造っても、ファンが育たなければ利益重視の理想も成り立たない。

佐藤さんは長年続けているファンとの交流会のほか、フェイスブック、インスタグラムなど会員制交流サイト（ＳＮＳ）で積極的に商品情報を発信している。今年3月にはホームページをリニューアルした。

コロナで首都圏などの販売は打撃を受けている。出張営業もままならない〝ステイ岩手〟の状況で、乗り出したのがブランドの再構築。目的は「50年後に吾妻嶺を残す」ことにある。「県民から『名前を初めて聞く』と言われるほど知名度が低い。ラベルやロゴのデザインを刷新し、新商品も投入したい。この先50年通用するブランドを固め、次の世代にかかる重責を少しでも軽くしたい」

創業３００年を超える老舗の蔵元として最大の使命は、つなぐこと。「具現化できるかどうかは自分のかじ取り次第」。手腕を問われる明日を覚悟する。

【吾妻嶺酒造店】起源は近江商人の村井権兵衛が盛岡藩で初めて上方流の澄み酒を造った「権兵衛酒屋」にさかのぼり、1684（貞享元）年を創業年と定める。佐藤家は志和酒造店として事業開始。昭和30年代以降に現社名に変更。2018年に純米酒専門メーカーとなることを宣言した。主な銘柄は「あづまみね」「悠楽」「吾妻嶺」など。資本金4127万円。従業員は5人。年商約4千万円。

自分たちが考える家具を作り、喜んでもらい、
その収入でみんなが笑顔で食べていければいい

千葉暢威さん／マルイ造形家具工業（九戸村）

九戸村伊保内《いぼない》のマルイ造形家具工業は「南部箪笥《たんす》」に代表される精巧な家具作りで知られる。長年にわたり木材加工、彫金金具、漆塗りなど自社一貫製造を堅持。指物と呼ばれる伝統の木組み技術を取り入れた和風モダン家具「ダイニング火鉢」も国内外で愛用されている。現社長は3代目の千葉暢威《のぶたけ》さん（43）。製造部門の仕事を軸にしながら兄や従業員と新しい商品、販売市場の開拓を目指す。「『不言実行』のリーダー」。千葉さんの歩みとこれからを見つめる。

【2021年5月16～20日掲載】

初のアウトドアブランド

千葉暢威さんは2019年7月、マルイ造形家具工業社長で父の重男さん＝当時（75）＝を、膵臓《すいぞう》がんで亡くした。3人兄弟の末っ子。共に家業を担う兄2人は県外を拠点とし、ただ一人地元で重男さんと働いてきた。3代目を継ぐことに一家に異論はなかった。

マルイ造形の商品といえば、くぎやボルトを使わない指物《さしもの》の技を駆使した「南部箪笥」と、テーブルに炉の機能を備えた「ダイニング火鉢」。価格はたんすが1竿50万円以上、火鉢なら1セット100万円を優に超す。

デザイン性を重視した低価格の家具が人気を集める時代。高級家具ブランドの格を保ちつつ顧客の裾野を広げる必要性は、社内の共通認識になってきた。

社長に就いた千葉さんは一つの構想を持っていた。生前の重男さんの姿に、発想のきっかけがあった。

「おやじは休みになると家の七輪で炭火をおこして、スルメやジャガイモをあぶって食べていた。雰囲気が、なんかすごくいいなあと思って見ていた」

武骨で温かな後ろ姿。今は亡き父の残影に商品イメージを膨らませた。思い浮かんだのが、七輪を置ける木製の囲炉裏だった。

材料選びも重男さんの言葉がヒントになった。千葉さんは家族でキャンプを楽しむアウトドア派。持ち運びできる組み立て式の囲炉裏にしようとしたとき、ポイントは素材の軽さと傷の付きにくさだった。

重男さんが収集した岩手県産のオノオレカンバを思い出した。おのも折れるほど堅いことが名の由来という木は、加工が難しく「普段は日の目を見ない樹種」（千葉さん）。マルイ造形も従来は、はし置きなど小物にしか活用してこなかった。

いつか会社の財産になる—。重男さんはオノオレカンバの家具素材としての魅力を訴えていた。「薄く加工すれば軽くできるし衝撃にも強い。やりたいことに、ピタッとはまる材料だと感じた」。試作すると、予想は確信になった。

新型コロナウイルス感染症のパンデミックが開発を後押しした。販売の主戦場の百貨店などで対面販売が難しくなる一方、密を避ける傾向はレジャーの屋外化を加速させた。

2020年12月、初のアウトドアブランド「A&D／W」を発表した。「七輪囲炉裏」が第1弾になった。指物技術を使いながら本体価格を5万円ほどに抑えた。ネット販売の強化と若いファミリーらへの浸透を期す新商品は、昨年の岩手フードアンドクラフトアワードで特別賞を獲得。発売4カ月で受注が約80台に達した。

父の有形無形の遺産を注いだ新ブランド。「こんなに早く売れるとは思わなかった」。見えない力に

ダイニング火鉢（中央手前と奥）や南部箪笥の展示場。火鉢は2008年の発売後も利用者目線で改良が重ねられた＝九戸村山屋・オドデ館

も支えられ、3代目は力強く歩み始めている。
箪笥が売れない苦境の日々を乗り越えてきた。

起死回生の逸品

千葉暢威さんは2000年4月、兵庫県の大学を卒業してすぐ家業に従事した。木材加工と製品デザインから始めた。入社して気付いた。業績が明らかに下降していた。岩手県産のケヤキや桐で作る漆塗りの南部箪笥と、原木一枚板のテーブルが主力だった。花嫁文化と住宅事情の変化が、経営を苦しめた。

「女性が嫁ぐ際に和箪笥、整理箪笥、洋服箪笥という3点セットを準備する時代ではなくなっていた。備え付けのクローゼットの普及も響いた。売れても小ぶりな箪笥が増えていった。業界全体が、ガタガタだった」

15年ほど前、会社は給料の支払いも厳しくなり、父重男さんは希望退職を呼び掛けた。年齢的な事情もあって3人が去り、自分や父を除くと従業員は一時4人になった。

「仕事が少ないから、山に行ってストーブ用の薪を作るようなこともした。（会社が）やばいと思った」。千葉さんははっきり覚えている。

じり貧を抜け出すには、従来と違う発想が求められていた。口火を切ったのは千葉さんの一番上の兄、一興《かずおき》さん（49）＝横浜市＝だった。

一興さんは都内のデザイン事務所を辞め、2004年に家業に戻っていた。マルイ造形の仕事に「古さ」を感じていた。「せっかく若い自分たちが入ったから、何か新しい商品を作りたい」。手掛けたのが、青森県を代表する伝統工芸品・津軽塗の塗師と連携した「津軽塗箪笥」の商品化だった。

発売開始は2005年。シックで落ち着きのある南部箪笥のイメージとは違う、カラフルで優雅な津軽塗の箪笥は評判になった。単体で苦境を覆すほどではなかったが、マルイ造形の商品に顧客の視線を引きつける「アイキャッチ」効果は大きかった。

次に取り組んだダイニング火鉢が起死回生の逸品となった。開発のきっかけはマルイ造形の愛用者の声だった。一興さんは語る。

「以前に角火鉢を購入したお客さまから、膝の調子が悪いのでテーブルのようにして使えないかと問い合わせがあった。床から立ち上がるのが大変という話は他からもあり、それなら火鉢を使えるダイニングテーブルを作ればいいんじゃないかと考えた」

会社員時代にインテリア設計を本業にしていた一

工場で木材加工に励む社員。高い技術力が高級家具ブランドを支えている＝九戸村伊保内・マルイ造形家具工業

興さんがテーブル、千葉さんが椅子の設計を担当した。デザインの方向性は「和風モダン」。構想から半年で販売できる形にし、その後も使う側の立場から細かな改良を加えていった。

火鉢だけでなく卓上の電磁調理器を使えるようにしたり、テーブルの大きさや脚部、炉に載せるふたの取っ手の形まで、使いやすさと強度を考慮し、こだわり抜いた。座面が回る椅子の背もたれは水屋箪笥をイメージさせる縦格子。「座ると背中が包み込まれる感じがします」（千葉さん）の説明に偽りはない。

当然、くぎ1本使わない指物《さしもの》技術も随所に施した。タモ、ウォールナットと異なる材を使い、好みの風合いを選べるようにした。千葉さんは工場で製造に汗を流し、先輩職人や一興さんらと商品を磨き上げた。

現在、ダイニング火鉢の受注は大小合わせて年約40セット。総売り上げの6〜7割を占めるマルイ造形の旗艦商品に育った。

「自然とみんなが集まり、幸せにする力がある」。ダイニング火鉢や七輪囲炉裏が演出するのは、和やかな家族のだんらん。利用者が笑顔になれるものづくりを追求した先に、経営危機からの脱出があった。

千葉さんは幼い頃からものづくりが好きだった。

北欧家具の精神

千葉暢威さんが、ものを作る面白さに目覚めたのは幼稚園の頃だった。兄2人と粘土で地元の九戸まつりの山車人形を作り、台車に載せて夢中で遊んだことを覚えている。

自宅の隣は木工工場や漆塗りの作業場だった。職住近接でパソコンを使った商品設計や漆塗装に励む父重男さんを、いつも間近に見ていた。小学校のときは重男さんに手伝ってもらいながら、電動のこぎりで動物の木型をくりぬいて遊んだ。木のぬくもりを感じて育った。

母貴子《あつこ》さん（71）は「暢威は（マルイ造形を創業した）おじいちゃん似で兄弟で一番手先が器用だった」と振り返る。3兄弟で唯一、実際に家具製作の道に進んだ素養は生まれながらのものだったようだ。

高校は美術コースがある八戸市内の私立に進んだ。絵が上手で、不来方高の芸術学系に進んだ長兄

木材加工に励む20代前半の頃の千葉暢威さん（千葉さん提供）

一興さんから影響を受けていた。

千葉さんは中学で既に身長181センチ、体重は90キロを超えていた。元々スキーや野球など体を動かすことも好きだった。高校は体格を生かせるラグビー部へ。異色の「絵描きのラガー」を3年間通した。

マルイ造形で働こうと思ったのは、高校卒業後の進路を考えたとき。親は何も言わなかったが「ものづくりが好きだという気持ちがあった。家の仕事をやっていくという思いが自然と出てきた」。次兄の雅之さん（46）＝奈良県桜井市＝は「弟は小さい頃から家を継ぎたいと言っていた」と語る。

高校を出て即家業に入る選択肢もあったが、デザインや設計を詳しく学びたいと、兵庫県の宝塚造形芸術大（現宝塚大）の産業デザイン学部に進学した。

3年のときに大阪で見た一つの展示会とデンマーク、フィンランド訪問が、以後の家具製作の道しるべになった。

大阪・南港であった「世界の椅子展」。授業の一環で出掛け、デンマークの世界的家具デザイナー、ハンス・ウェグナーの「Yチェア」や椅子の中の椅子と呼ばれる「ザ・チェア」に触れた。

その年の秋には岩手県工業技術センターの企画で重男さんに代わって北欧を約1週間訪れ、ウェグナーの高級家具工房などを視察する機会に恵まれた。

素朴ながら洗練された北欧の造形に強い印象を受けた。椅子への興味は増し、それは自ら作る活動へと向かった。卒業制作はテーブルと椅子6脚のダイニングテーブルセットだった。

家具に表裏があってはならない—。「表だからきれいに仕上げ、裏は見えないから粗くていいではいけない」。若き日にフィンランドで聞いた精神を、今も仕事の真ん中に据える。

家業に入社すると早速、椅子作りを始めた。しかし壁に当たった。

ベテラン彫金師の誇り

千葉暢威さんは、大学を出て家業に戻ると椅子の製作を始めた。学生時代に憧れた北欧風の家具作りを実践しようとした。オリジナル作品を作りたいという願望に加え、マルイ造形の商品の種類を増やせるという狙いもあった。

椅子だけで約10種類を作ったが、思うような結果は出なかった。漆塗りの重厚な南部箪笥と白木で明るめのアール形（曲線・曲面）の椅子を展示会で並べると、ちぐはぐな印象は否めなかった。

「作りたいものを作ったという感じ。会社が提供してきた商品と路線が違い、浮いていた。最初は（木と木の合わせ目の）仕口《しぐち》の精度が微妙に甘かったりして、販売する水準に達しないものもあった」

北欧風は諦めざるを得なかったが、「和風モダン」感覚のダイニング火鉢がその後にヒット。マルイ造形は南部箪笥との二大ブランドを確立した。

木材加工、彫金金具の製作、漆塗りなど少数精鋭による同社伝統の一貫生産技術がブランドを支えてきた。九戸村と一戸町には3・7ヘクタールの漆山を所有し、かつてはそこでかいた漆を商品に塗ることもあった。

大半の製造作業は複数の従業員ができるが、たんすの装飾として欠かせない彫金金具作りは入社約35年の彫金師中村和人さん（58）だけ。数十類のたがねから最適な物を選び、ハンマーでたたいて銅や鉄の板に家紋、花木などの模様を付ける作業は繊細さと根気が要求される。1枚作るのに1カ月かかるケースもあるという。

「銅は切れやすく、慎重に打たないといけない」と難しさを語る中村さん。「うれしいのはお客さんに良かった、ありがとうと言われたとき」と今年で創業76年のマルイ造形の職人に誇りを持つ。

中村さんは、千葉さんの祖父で初代の富太郎さん（故人）の代から働いてきた。2年前に社長となった3代目の千葉さんに「真面目で仕事への意欲が強い。自分で何でも手を掛けようとするので、もう少しどしっと構えてもらってもいいぐらい」と笑顔を見せる。

千葉さんは入社して20年が過ぎた。人手が限られる中で木材加工、商品デザイン、塗装、検品、梱包《こんぽう》、展示会販売などあらゆる業務を担ってきた。寡黙だが、商品説明になるとがぜん口数が増す様子に、経営者というより、作り手としての自負の強さがにじむ。

「商品の仕上げや作りについて、おやじから指摘されることはなかった。自分はきれいに仕事をする方だ

銅板に竜の模様を付ける彫金師の中村和人さん。「地域に根差した会社で働くことに誇りを持っている」と語る＝九戸村伊保内

と思う」。手間暇を惜しむことなく徹してきた、顧客に誠実なものづくり。立場が変わったこれからもぶれることはない。

3兄弟で役割分担

マルイ造形家具工業は三男の千葉暢威さんが社長、長男の一興さんが専務、次男の雅之さんが常務を務める。先代の父重男さんの生前から兄弟3人が、それぞれ得意分野を生かして会社を引っ張ってきた。

2000年にいち早く家業に入った暢威さんに続き、都内のデザイン事務所から2004年に戻った一興さん。きっかけは事務所の仲間と独立を考えていたとき、母貴子さんとした1本の電話だった。

「何となく戻ってきてくれたらという話があって、気持ちが揺れた。家具の仕事をする気はなかったが、自分のルーツはマルイ造形。長男ということもあった」。一興さんは振り返る。

たんすが売れなくなり、経営が怪しくなっていた頃だった。貴子さんは「長男が帰ってきて暢威の顔が明るくなったという人がいた。一人で会社を背負っていかなければと大変だったのだと思う」と当時の暢威さんの心情を推し量る。

3年後、関西の鉄橋建設会社で設計の仕事をしていた雅之さんが入社した。雅之さんには自信があった。「九戸に帰るたびに弟の頑張り、人間的な成長が分かった。兄が関東で営業をしていたから自分が関西、西日本で動けば会社はきっと良い方向に回ると思った」

この言葉を裏付ける一例が物流の効率化。マルイ造形は首都圏や関西圏の百貨店催事をメインの販路にしてきた。従来は九戸村から催事のたびに商品と人を移動させていたが、一興さんと雅之さんが戻ってからは都内と奈良県内に商品倉庫を確保。旅費や配送コストの削減につなげた。

親族経営が一概にうまくいくとは限らない。マルイ造形の長所は、兄弟が仕事も住む場所も三者三様なところ。暢威さんは製造・商品デザイン、一興さんは商品デザイン・営業、雅之さんは財務・営業・企画・補助金申請など大まかな役割が分かれている。

一興さんは「仕事のスタンスもスタイルも同じではない。それぞれがかち合わないのがいいと思う」、雅之さんは「兄も社長も創造性が求められる仕事をしている。資金面など面倒な事を自分がやれば、商品もいいものができる」と語る。

重男さんは3人が家業に就くと、仕事に口を挟

10年ほど前に生前の重男さん（右から2人目）と写真撮影した千葉家の3兄弟。重男さんを除き左から雅之さん、一興さん、暢威さん＝九戸村伊保内・ふるさと創造館（千葉暢威さん提供）

まず好きにさせたという。実質的に3人の共同経営のような仕組みは経営判断が遅くなるなど欠点がある。互いのやり方に不満を言うこともある。それでも兄2人は末の弟を「不言実行」「我慢強く謙虚。愚痴を一切言わない」と社長として信頼し、支え抜く覚悟でいる。

高級な家具がどんどん売れる時代ではない。「(兄たちは) 頼れるし、信じ合える。一緒に働けて心強い」と暢威さん。〝三本の矢〟で荒波に立ち向かい、マルイ造形の新しい歴史をつくっていく。

台湾市場に視線

「満足のいくものができた」。千葉暢威さんが出来栄えに胸を張るのは1台のテーブル。

２０２１年3月、岩手県庁の応接室に設置された。

県産クリ材に浄法寺漆を施し、中央の台には県の花鳥木をあしらった銅製の彫金金具。色は落ち着きのある赤茶色の民芸色、長さは7メートルに及ぶ。千葉さん自らが製作の先頭に立ち、納品前の2カ月は朝5時出社で夜まで作業に励んだ。

当該の応接室は知事が国内外の来賓対応を行う庁内で最上位の部屋。実は同じ場所で従来使われていたテーブルもマルイ造形の作だった。千葉さんの父重男さん（故人）が製作を主導した。

「おやじの頃の工場長や主任にも完成を報告した。喜んでくれた」。「これまでで一番」という大仕事をやり遂げ、千葉さんは会社の技術力に自信を深めた。

一方、不安もまた技術面にある。従業員8人中4人が30代。若い力は育ちつつあるが、彫金金具を作れるのは58歳の1人。70代の男性と千葉さんの2人しかいない漆の塗装と併せ、伝統の技の継承は急務となっている。

「後継者問題は対応が遅れているが、彫金は30代の従業員が関心を持って手伝うようになってきた」と千葉さん。経営上、増員は慎重にならざるを得ない。限られた職人でいかに回していくか、製造現場を知り尽くすトップとして今後手腕が試されることになる。

千葉さんの次兄で財務担当の雅之さんが「どうにか生き残っているのが現状」と認めるように国内外メーカーとの競争や人口減の中、地方の零細企業の経営は楽観できない。そこでマルイ造形が有望なマーケットと見込むのが台湾市場だ。

現地の日系百貨店で2015年に初めて展示会を開いて以降、催事を継続開催。日本勢で〝先行優位〟の立場を生かし、富裕層をターゲットにダイニング火鉢やソファ、たんす類などを幅広く売り込んでいる。

台湾事業を担う長兄の一興さんは「新型コロナウイルス感染症で直接販売ができない状況だが、1回の催事で多いときは600万~700万円の売り上げがある。台湾にもっと根を張り、その上で中国大陸（進出）が一つの目標になる」と語る。

将来に向け、大きな事業展開も見据える周囲。対照的に千葉さんから野心めいた話は一切出てこない。

「自分たちが考える家具を作り、喜んでもらい、その収入でみんなが笑顔で食べていければいい。そこがまだまだできていない。会社を大きくしたい思いもあるが足元も大事。思いは内に秘めて、大きな口はたたかないようにしている」

本業の傍ら、商工会や消防団活動にも労を惜しまない。企業としての生命線は地元に深く根を張り、確かな仕事で築き上げてきた信用。3代目の理想は、地に足を着けた経営の先にある。

かんなを掛ける千葉暢威さん。一つ一つの心を込めた仕事が会社の将来をつくると信じる＝九戸村伊保内・マルイ造形家具工業

【マルイ造形家具工業】伝統家具「南部箪笥」などの製造メーカー。1945年に現社長千葉暢威氏の祖父富太郎さんが建具、学校机など製造の千葉木工所として創業。1955年にマルイ木工に改称し、キリ製の箪笥などを製造。1970年株式会社マルイを設立して「南部箪笥」の製造を開始。1993年に現社名で製造部門を分離し現在に至る。主力商品はダイニング火鉢。本社・工場は九戸村伊保内11の13。神奈川、奈良両県に営業部。資本金1千万円。2020年9月期の売上高は約6200万円。従業員8人（役員除く）。

あとがき

3巻目となる本書で紹介した経営者への取材は、大半が新型コロナウイルス感染症が国内外で発生、まん延した時期と重なっている。未知の感染症が社会経済活動の脅威となる中、岩手の経営者もおのおのが自社の存在意義を懸け、難局と向き合っていた。

感染流行の波が繰り返し襲う。休業に伴う売り上げの減少、営業活動の制限、果ては漁船員の海外への上陸禁止に至るまで、コロナの影響は枚挙にいとまがない。

新商品の開発や異分野への進出を図る人がいた。コロナ後を見据え、あえて不況にあえぐ飲食業に挑戦する小売業者も。ピンチをチャンスに変えるべく決断し行動する、たくましいリーダーたちと出会った。

人材の育成、設備投資、事業承継など「対コロナ」以外の経営課題も山積している。決断の成否が出るのは先になろうが、現状打開のよりどころが付加価値の高い技術やその担い手の力、消費者、取引先からの信用にあるのは間違いない。未曽有の環境でまいた新たな種が無事育ち、花開くことを願う。

本書に登場する経営者には、複数回にわたるロングインタビューに協力いただいた。「若手経営者の参考になればと思います。成功譚ではありません」という本企画の趣旨をご理解いただき、困難な時代や経営者としての挫折、後悔を含め毎回率直にお話ししてもらった。

改めて深く感謝したい。同時に一刻も早いコロナ禍の収束と取材にお応えいただいた皆様の健康、そして社勢の一層の発展を祈っている。

2021年9月　岩手日報社編集局　四戸聡

著者略歴

四戸聡（しのへ・さとし）1969年生まれ、東北大卒。93年岩手日報社入社。販売局を経て編集局報道部、久慈、花巻両支局長。ソルトレーク五輪（2002年）、子どもをめぐるさまざまな問題を取り上げた大型連載「大人たちよ」（2008年）などを担当。2015年報道部専任部長。21年から編集局編集委員室長兼論説委員会委員。遠野市出身。

あの日の決断　岩手の経営者たち ③

2021年11月1日　第1刷発行

発　行　者　東根千万億

発　行　所　株式会社岩手日報社

〒020-8622 岩手県盛岡市内丸3-7

電話 019-601-4646

（コンテンツ事業部　平日9～17時）

印刷・製本　株式会社杜陵印刷

ISBN 978-4-87201-428-0　C0034 ¥1000E